無痛吸收、輕鬆輸出，學霸都在偷偷使用的無痛學習法

HIGH-EFFICIENCY
MASTER THE ART OF FAST INPUT AND SMOOTH OUTPUT
LEARNING

超高效學習法

time 剛剛好 ——— 著

自律的人利用習慣的力量做事，
懶惰的人利用意志力做事。
這就是兩者的區別所在。

○ ● PREFACE ○ 序　言 ● ○ ○

　　大學畢業之後的一段時間，我迷戀上了攝影，不僅花了好幾個月的薪資購置了單反和鏡頭，還買了一堆攝影教材，立志要透過自學成為攝影高手。這樣，我不僅能將興趣變成特長，還能將其發展成副業，靠拍照來賺外快。運氣好的話，說不定還能成立一間攝影工作室，體驗一下當老闆的感覺。

　　看似一舉多得的計畫往往都會被現實澆上一盆冷水。

　　起初的幾天計畫進展得還算順利。下班後，我都能耐著性子一邊看書一邊端著單反按來按去，還時不時在本子上記錄要點；可時間一長我就受不了了，總感覺學習的效果配不上自己的努力。滿腦子只有一個想法：「到底什麼時候才能學會拍照，才能靠它賺錢呢？」

懷疑會帶來焦慮，焦慮會引發恐懼，恐懼會造成內耗，內耗又會導致懶惰、拖延、放棄等逃避現實的行為。很多時候，三天打魚兩天曬網並非因為自己懶惰，而可能是深陷內耗無法自拔的自保之舉。

　　就這樣，我跌跌撞撞看完了整本攝影教材，背會了所有公式，連筆記都摘抄了厚厚一本。但令我備受打擊的是：當我捧著昂貴的單反外出拍照時，大腦依舊一片空白──不會構圖，不知道如何調節參數，也懶得去思考，只能在模式下過過癮。然後自我安慰地感嘆一句：「單反拍出來的照片確實比手機清楚！」

　　我在學習攝影時態度看起來很認真，看書也很刻苦，記筆記也沒偷懶，但為什麼我還是沒能學會攝影呢？

　　我的這段自學經歷揭示了很多成年人在學習上存在的問題。比如：將綜合學習能力弱化為死記硬背。自以為學習就是看書、記筆記、背誦、刷題「一條龍」，不管學習什麼知識，都希望有整塊的時間讓自己背誦重點，否則就會迷茫，不知所措。

　　將注意力高度集中的認知訓練變成了看書。覺得只要學習了，就會有效果，於是急匆匆地捧著書在那裡勾勾劃畫，卻不

知為何而學、應該學什麼、應該如何學。時間一長心裡自然會不平衡，覺得自己付出了那麼多卻收效甚微，這又給了低質低效的學習致命一擊。

以為背會某個概念、做對某道習題就代表自己掌握了該知識點。透過背誦也許能夠應付考試，但成年人所面臨的工作、生活中的問題並沒有標準答案，更不會有老師幫你劃重點。這就要求我們要著重提升深度思考和及時複盤的能力，從對概念的一知半解升級為對其底層邏輯的剖析、總結，儘量減少「自認為很懂」的錯覺。

做任何事都急於求成，一旦出現焦慮情緒又會沉迷於短期快感無法自拔。不得不承認，手機對我們工作、學習和生活的干擾越來越強，它不僅將時間變得支離破碎，更在無形中侵蝕著我們的專注力。剛打開書準備學習，餘光看到手機彈出了一條消息，結果拿起來一看就是半個小時，從一個手機軟體切換到另一個手機軟體，從此再也不用苦惱時間都去哪兒了，因為答案肯定和手機有關。想要達到目標就必須持續付出，可已經深度依賴短期快感的我們習慣了看按秒計時的視頻、讀無須進行任何思考的文章，做任何事都要求立刻見效。願望清單越來越長，目標越來越大，但我們那點可憐的專注力卻根本無法支撐起自己的野心。

只知道死磕細節，卻忽略了知識體系的重要性。很多人學

習時一上來就背誦知識點，細摳每個字眼，生怕錯過任何重點。最後學來學去，所學的知識點就像一盤散沙，不成體系。

學習時疏於內容輸出，不敢運用知識解決問題。很多人在學習上有「輸出困難症」，總感覺自己背誦得還不夠熟練，掌握得還不夠全面，還無法使用這些知識解決實際問題，導致學習一直在紙上談兵，理論和實際完全脫節。就好比我當初學攝影，參數調節的技巧背誦得很熟練，但到了實拍環節依舊是一頭霧水。忽視了用實戰解決問題的重要性，也是導致我們學習低效的重要原因。

不懂就問，懶得思考，懶得獨立解決問題。不懂就問未必是個好習慣。一遇到問題就求助別人，會養成思維的惰性，如若沒有人引導或指點，就會陷入迷茫，無從下手。沒有獨立解決問題的能力，沒有獨自探索的好奇心，更沒有勇於試錯的膽量，長此以往，個人能力得不到提升，只能聽人吩咐辦事。

既然造成學習低效的問題如此之多，那麼我們該如何一一解決，提高學習效率呢？

有很多人是持天賦論的悲觀派，認為天生聰明的人不用任何方法就能擁有讓人羨慕的學習成績；生而普通的人掌握再多技巧也無濟於事，照樣學得很吃力。

這就是典型的固化思維。他們固執地認為，有天賦的人做

事不需要任何努力，需要努力就代表沒有天賦，努力也是白費。為何他們對努力如此反感呢？因為在他們看來，努力是有很高風險的，一旦付出之後並未如願，這種打擊是難以承受的。他們並不認為這是一次單純的失敗，而是會將其上升為徹底的自我否定，以及對個人能力和未來的終極審判。但若讓自己相信天賦論的觀點，就能讓自己在面對失敗的時候擁有一個自我安慰的藉口：「如果我找到了自己的天賦所在，我也能不費吹灰之力地取得成功。」

如若縱容自己活在這種自我安慰之中，一直尋找自己的天賦，卻懶得努力，不敢面對失敗，這樣的人生未免也太被動、太憋屈了。

在我看來，我們可以欣賞天賦，但更應該崇尚努力。我們可以犯錯，可以失敗。失敗不是對個人和未來的否定，相反，它是一次絕佳的學習機會。事實上，我們的能力並不是一成不變的，而是可以透過持續的努力來提高，學習能力也是如此。

在本書中，我將從三個方面系統地講解普通人該如何有效提升自己的學習能力，它們分別是：①如何培養自己的意志力、執行力和專注力；②如何讓自己從死記硬背轉變為過目不忘、融會貫通；③如何在生活中鍛鍊自己深度思考的能力。

學習的本質就是對認知能力的訓練。這種訓練是一個循序

漸進的過程──從意志力、專注力到記憶力，從理解、歸納總結到應用，從深度思考到表達⋯⋯在刻意練習中使用的學習技巧需要根據個人情況來選擇，不能盲目跟風，也不能急於求成，否則很有可能事倍功半。

本書中，我將按照認知訓練的順序，用三個章節的篇幅詳細分享自己多年來在學習能力提升方面的經驗和心得，每一章都講解了很多實用的訓練方法。我誠懇地建議正在閱讀本書的你能夠在平時多多練習。要知道，學習方法從來不是看懂就行，而是需要在不斷的「練習─受挫─總結─調整─再練習」的循環中一步步汲取營養，從陌生到熟練，從不得要領到融會貫通。

我們正身處一個充滿誘惑同時又充滿機遇的時代，這對學習來說是幸運也是不幸：幸運的地方在於我們可以足不出戶，依靠網路就能找到各種各樣的學習資源；不幸的地方在於手機和網路會在無形中吞噬我們寶貴的時間和注意力，稍有不慎，我們就可能沉迷於短期快感無法自拔，最後落得個窮忙、沒耐心、懶惰、低效的下場。

我在書中分享的方法和技巧並非完美，請不要覺得唯讀一遍就能立刻心領神會，看書刷題就能立刻變得毫不費力。你的執行力必須配得上自己的野心。我們之所以要升級學習方法，

不是為了急功近利,也不是為了坐享其成,而是為了幫自己的努力找對方向,原本應該花費的時間和精力一樣都不能少。

希望你在這本書中能夠學到你所需要的東西,更希望它們能夠在你的腦海中觸發新的靈感,讓你的生活獲得鼓舞人心的改變——那將是對我最大的激勵。

CONTENTS 目　錄

第 一 章
沒有自控力，就別談高效學習

第 一 節　人是如何一步步走向頹廢的 …… 019

第 二 節　短期快感成癮是學習最大的敵人 …… 028

第 三 節　短期快感成癮到底是什麼 …… 041

第 四 節　延遲滿足到底是不是偽科學 …… 049

第 五 節　有一種病，叫「懶病」…… 061

第 六 節　治療「懶病」的良方──
　　　　　「0+1+N」行動法則 …… 069

第 七 節　請管好自己的想像力 …… 080

第 八 節　發布「肯定句」指令，讓大腦忙於新任務 …… 088

第 九 節　珍惜你的注意力，把它用在最值得的地方 …… 096

第 十 節　當放棄成為一種習慣 …… 110

第十一節　使用甘特圖，讓你的計畫不再是空話 …… 116

第十二節　如何讓自己愛上學習 …… 127

第 二 章
適合普通人的記憶力提升術

第 一 節　為什麼你的記憶力越來越差 ⋯⋯ 141

第 二 節　記憶到底是什麼 ⋯⋯ 149

第 三 節　訓練你的記憶力一：
　　　　　在識記時要給大腦下達明確的指令 ⋯⋯ 159

第 四 節　訓練你的記憶力二：
　　　　　記憶時要先整理框架，後理解、記憶細節 ⋯⋯ 164

第 五 節　訓練你的記憶力三：
　　　　　在學習新知識時要主動創造更多的要點連結 ⋯⋯ 169

第 六 節　訓練你的記憶力四：
　　　　　將知識點代入具體的情景，並將其視覺化 ⋯⋯ 179

第 七 節　訓練你的記憶力五：
　　　　　用諧音讓新知識變得有趣起來 ⋯⋯ 182

第 八 節　訓練你的記憶力六：
　　　　　用思維導圖將複雜的資訊整理成知識網路 ⋯⋯ 188

第 九 節　訓練你的記憶力七：
　　　　　記憶技巧再高超，缺乏科學的複習也是白費勁 ⋯⋯ 204

第 十 節　訓練你的記憶力八：
　　　　　聽、讀、寫、看—全感官刺激法 ⋯⋯ 213

第十一節　訓練你的記憶力九：
　　　　　講課式記憶法，讓記憶力和表達力雙雙提高 ⋯⋯ 218

第三章
提高深度思考能力,才能讓學習變得高效

- 第 一 節　遇到問題別急著解決,先進行「黃金三問」…… 235
- 第 二 節　平時多玩「探索」遊戲,邊玩邊長見識 …… 241
- 第 三 節　在迷茫中前行,只需「打破砂鍋問到底」…… 247
- 第 四 節　如何讓自己真正學會某個知識點 …… 251
- 第 五 節　多積累「思考拼圖說明書」,
　　　　　鍛鍊思考的有序性 …… 262
- 第 六 節　每天來場腦力激盪,
　　　　　主動思考某個現象背後的原理和規律 …… 266
- 第 七 節　課外書到底該怎麼讀 …… 275

第一章

沒有自控力，就別談高效學習

第一節

人是如何一步步走向頹廢的

　　人是如何在不知不覺中走向頹廢的呢？不同的人心裡也許會有不同的答案。比如：懶惰、重度拖延症、沉溺於幻想、逃避問題、拒絕學習和深度思考、熬夜、癡迷於遊戲、無節制地消費、暴飲暴食、酗酒、賭博、吸毒等等。答案各式各樣，看起來似乎每一個都很有道理。怪不得大家經常調侃：「一個人想要成功很難，但想要成為廢柴卻非常容易。」其實，簡單觀察一下你就會發現，上述的眾多答案都有一個共同點，即沉溺於短期快感無法自拔。

　　什麼是短期快感呢？顧名思義，是指那些在短時間內就能獲得的快感和回報。它們的特點是行動成本低廉，回饋週期短，持續的時間非常短暫，行動一旦停止，愉悅感就會立刻消退。如果你想延續這種快感，就必須一直行動。

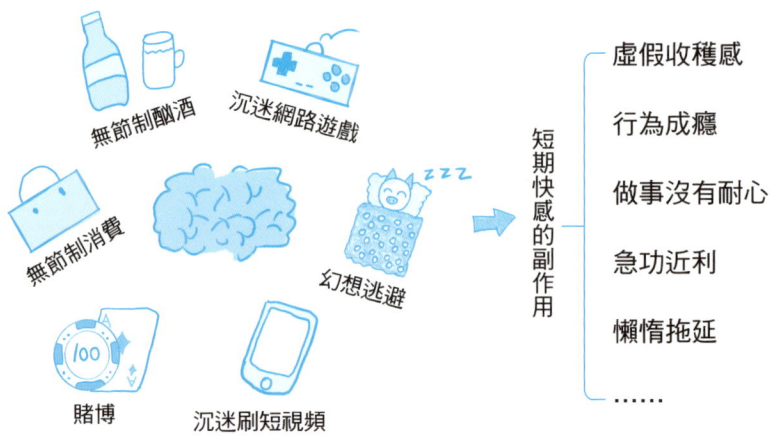

就拿看短影音這件事來說吧。網路上有個段子是這樣說的：「如果你每天堅持早睡早起、努力工作、健身閱讀、不刷短影音、不看網路小說，很快你就會發現自己和周圍的人格格不入，他們還會將你視為異類。」這雖然是調侃，但也是事實。觀察一下自己和身邊的人，你會發現，除了工作、睡覺、吃飯，我們大多數時間都在與手機為伴，必須時不時地拿起手機看一下，否則就會覺得無所適從。

看短影音就是典型的獲取短期快感的行為。這種獲取快感的方式非常簡單，打開一個搞笑視頻，30秒之內就能把你逗得哈哈大笑，可一旦停止，這種快感就會迅速消退，你會覺得意猶未盡，甚至百無聊賴。於是，為了延續這種快感，你很可能會選擇繼續看下去，花費更多的時間在這件事情上。甚至在

你原本需要睡覺、認真工作或學習的時間裡,它依舊搶佔著你的注意力,讓你熬夜、注意力不集中。等到發現問題的嚴重性時,你早已將這個行為養成了習慣,甚至已經上癮。短期快感可以讓你在當下感覺很開心,但卻沒有任何價值,也無法給你帶來實質性的收穫。你即便是看了自認為很有價值的乾貨內容,也不會有耐心認真思考,只會麻木地機械式地收藏,並安慰自己以後會好好研究。可我們都知道,那一天可能永遠都不會到來。

事實上,越有意義的事情回饋週期越長,越需要長期的堅持、積累和等待,比如閱讀、寫作、早睡早起、健康飲食等。當你做這些事情時甚至很難感到愉悅,而且僅僅做幾次是很難得到顯著回報的,只有長時間堅持,一點一滴地累積,最終才

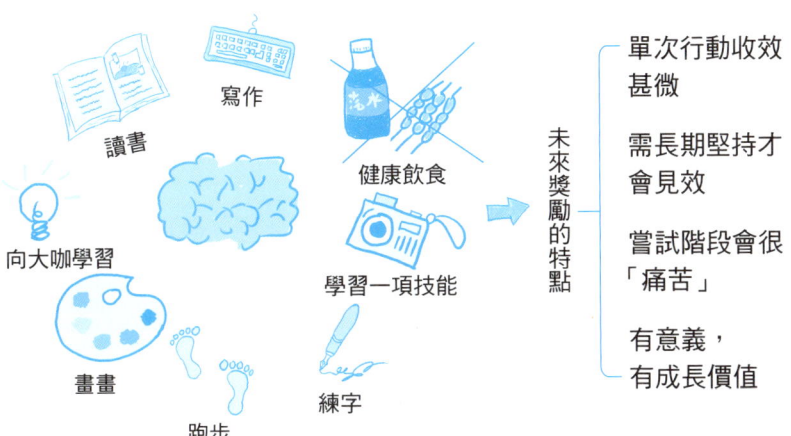

能收穫驚喜，我們可以稱之為「未來獎勵」。

但當我們沉溺於短期快感時，恰恰是在讓其腐蝕自己堅持積累、耐心等待的能力。它就像糖衣炮彈，一邊為你營造出一種「我很快樂，我已經收穫滿滿」的假象麻醉著你的神經，另一邊卻在悄無聲息地偷走你大把的時間，蠶食著你的意志力，讓你懶得自律、懶得等待、懶得思考未來！

現在，回過頭再想想我在一開始提出的問題吧──人是如何在不知不覺中走向頹廢的呢？答案就在「短期快感」和「未來獎勵」中。

我們的大腦中有兩個「小人」，一個叫「衝動小人」，另一個叫「理性小人」。這兩個「小人」每天都在激烈地對抗著。

當你看到最新款的手機時,「衝動小人」會叫囂著說:「天吶,主人,快買它,買它!一點都不貴,你可以分期付款,這是最新款喲!買了這部手機,你就可以拍照炫耀,同學、朋友都會羨慕你的,你就是街上最時尚的咖!」當你很生氣時,「衝動小人」會告訴你:「發洩吧,說髒話吧,把你的憤怒全都釋放出來吧!這樣你就會痛快許多。」當你想要玩遊戲時,「衝動小人」會告訴你:「想玩多久就玩多久,玩遊戲會很開心、很刺激喲!你還可以把戰績發到朋友圈,讓朋友們也見識一下你的厲害。至於學習和工作,先不用管它們,明天再說吧!」當你為自己的未來感到焦慮時,「衝動小人」會告訴你:「花錢吧,吃甜點吧,好好犒賞犒賞自己,或是來場酩酊大醉!人生苦短,今朝有酒今朝醉,明日愁來明日愁,及時行樂最要緊!」

可以看出,「衝動小人」很會討人喜歡。它最大的優勢就是不僅對意志力損耗極小,而且很擅長取悅大腦,只顧眼前開心,從不考慮後果。但你要知道,一切順應人性本能的事物都極有可能是「陷阱」,而為自己的縱容與衝動買單的,永遠只有自己。

「理性小人」卻大不相同。它會理智、冷靜地拆穿你的謊言與藉口,說的都是逆耳忠言,從不獻媚取悅。

當你想衝動消費為虛榮買單時,「理性小人」會提醒你信

用卡透支金額已經很高了,這次購物完全沒有必要。當你想肆意發脾氣,釋放負能量時,「理性小人」會告訴你應該先讓自己冷靜下來,控制好自己的情緒再去思考問題。當你想熬夜玩遊戲時,「理性小人」會告訴你月底還有一場重要的考試,還會順便提醒你考慮一下自己的髮際線。當你心情壓抑,對未來迷茫、恐懼時,「理性小人」會告訴你「閒人愁多,懶人事多」,越逃避問題越大,克服焦慮最好的方法就是立刻開始行動。

我們內心知道「理性小人」是對的,但在情感上卻更喜歡「衝動小人」。正因如此,要想「理性小人」正常工作,就必須要有充足的意志力供給。所謂自律,無非就是認清這兩個自我,不一味地縱容「衝動小人」,並想方設法節省和補充意志力,讓「理性小人」能夠正常工作。

沉溺於短期快感,懶於持續努力是一件很危險的事情。或許短期內你察覺不到會對自己有多大害處,這樣的生活方式甚至會讓你有一種「我現在過得很開心、很精采、很充實」的錯覺,但如果任由自己被「衝動小人」擺佈,只願意用最簡單、最快速、最直接的方式獲得快感,不願意或者無法靜下心來,沒有耐心長期投入時間和精力去做一件有意義的事情,那麼你很有可能會一事無成。

「理性小人」和「衝動小人」在大腦中「辯論打架」的故事並非我杜撰的。《先別急著吃棉花糖》一書中就講到了人腦中有兩個緊密相連且相互作用的系統，它們分別是「熱情緒系統」和「冷認知系統」。

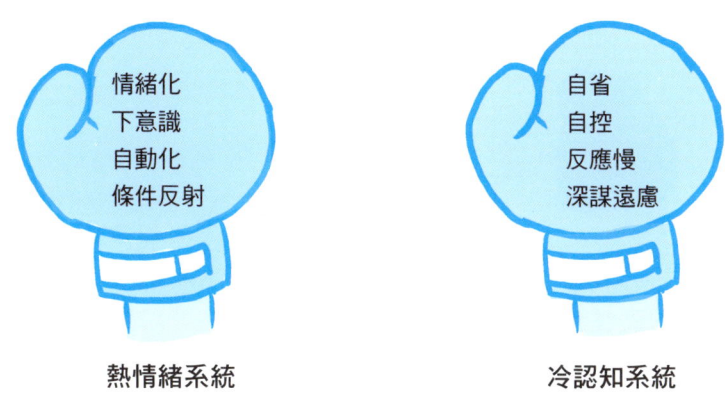

熱情緒系統　　　　　　冷認知系統

大腦邊緣系統是人腦中較為原始的部分，它位於腦幹的上方，大腦皮層的下方，人類的生存本能、欲望、情緒、快感、成癮等都由這個區域控制，正是它維持著熱情緒系統。

熱情緒系統的特點是情緒化的、自動的、下意識的、條件反射性的，該系統一旦被喚醒，就會本能地做出即時反應。換句話說，熱情緒系統只專注於當下，並不在乎這樣做會帶來哪些後果。

比如，當你夜深人靜時看著短影音中的主播吃著熱氣騰騰的火鍋，原本並不餓的你還是會不由自主地感覺胃裡空空如也，嘴裡的唾液開始瘋狂分泌，你對火鍋的渴望越來越強烈，直到點了外賣才感覺好了一些。即使你知道自己在減肥，知道深夜吃這種油膩、辛辣的食物有害健康。

又如，主管通知你下週一之前要把專案資料整理好，做成報告交給他。時間明明很充裕，可你就是不想做，每次坐到電腦前就會感到很抗拒，想要逃離。於是你拿起手機徜徉在各種短影音、網路爽文的海洋中，直到週日晚上實在沒辦法拖延了，你才坐下來趕專案報告。漸漸地，你養成了習慣，一有任務或一遇到壓力就會條件反射地做出「逃跑」反應，等到不得不面對時才硬著頭皮去解決。

看到想要的就必須馬上得到，遇到讓人痛苦、害怕的事情就迅速逃離，心情不好就不顧一切地胡亂發洩，這些行為都是熱情緒系統作用下的結果。

與熱情緒系統相對應的是冷認知系統，它位於大腦前額皮層的中心位置。大腦前額皮層的主要作用是幫助我們控制自己的行為，進行創造性思考。為什麼人類的認知水平遠超其他生物呢？原因之一就是人腦中前額皮層所佔的比例更大。

冷認知系統的運作是需要消耗意志力的，是自省的、自控

的，反應速度也比熱情緒系統慢得多，它不會被眼前的利益所迷惑，清醒且理性，時刻深謀遠慮，會根據目標提醒你應該採取哪些行動，拒絕哪些誘惑。

比如，當你吃飽喝足拿著手機躺在床上時，你感到心滿意足，歲月靜好，可冷認知系統卻向你發出了信號，告訴你這樣不利於消化，還會提醒你月初制定的「每天背誦20個英語單字」的計畫還沒完成，此刻你應該利用閒暇時間去背單字，而不是將時間浪費在玩手機上。

由此可以看出，冷認知系統就是我在前面提到的「理性小人」，而熱情緒系統就是「衝動小人」。每當你在誘惑和理智之間徘徊不定，就是因為這兩個系統在你的大腦中激烈對抗。可能有人會問：「本書不是講如何高效學習嗎？怎麼一直在講『兩個小人』呢？高效學習和沉溺於短期快感似乎沒有什麼關係呀！」

別著急！我先賣個關子。讓我們帶著這個問題進入下一節，讀完之後你就知道答案了。

第二節

短期快感成癮是學習最大的敵人

在我看來，沉溺於短期快感是阻礙高效學習的第一道關卡，也是最大的障礙。為什麼呢？我想問大家兩個問題：如何讓自己過得更好？是否存在一個適用於所有人的萬能方法呢？

我心目中的答案只有兩個字——學習！學習是讓自己突破瓶頸、走出困境、越過越好的最有效，也是最根本的途徑。這個世界上很少有絕對公平的事情，但在學習面前人人平等。只要你肯學習，就一定會有所進步。誠然，每個人的天賦、能力都不一樣，有的人學得快，有的人學得慢，這很正常。但只要你肯學習，就一定會比過去的自己更優秀。

即便你已經步入社會，只要你願意學習，你就可以參加各種考試，提升學歷、工作技能和職場競爭力，讓自己在職場中

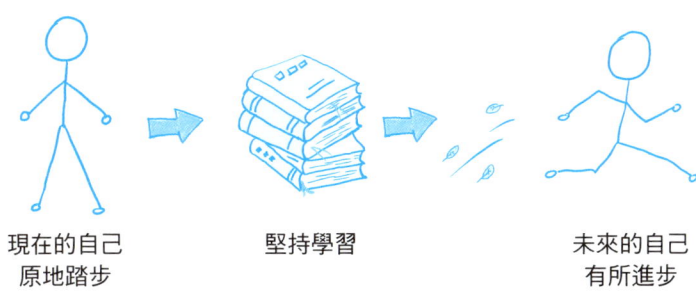

現在的自己　　　堅持學習　　　未來的自己
原地踏步　　　　　　　　　　有所進步

越來越吃香。除此之外，不管是重新學習一項新的技能還是培養一個新的興趣愛好，線上線下都有各種各樣的學習資源可供選擇。在這個網路高速發展的時代，獲取學習資源要比過去簡單、容易得多。

道理大家都懂，可大多數人卻並不願意這樣做。他們寧願在工作中受苦，在生活中受窮，站在原地一個勁地怨天尤人，然後把自己當前的困境歸咎於社會、原生家庭或是某種不公平的現象，也不願意坐在書桌前背書、做習題，吃學習的苦。

曾經有位讀者給我發了一條很長的私信，他說自己之所以活成現在這個樣子，不是因為自己不努力，而是因為社會資源配置不均，他再努力也比不上別人有一個有錢的爸爸。他說自己的父母都是普通工人，家庭條件不好，上學時沒錢補課，成績一般，沒有考上大學，而那些家庭條件富裕的同學都會請家教，或是上校外培訓班。即便是只考上大專的同學，也都在

父母的幫助下找到了工作，買了房子、車子，結了婚，日子過得輕鬆愜意。只有他，因為父母沒有人脈，沒有辦法幫他找工作，導致他現在三十多歲了還在給別人打工，連房子都買不起，沒有女孩願意和他結婚。他還在私信中傳達了一個很重要的觀點，他認為即便自己現在想要學習，也沒有那個條件，因為他沒有時間。每天早早出門上班，晚上回家天都黑了，筋疲力盡，只想玩手機放鬆。如果再讓他學習，他會覺得這樣的日子也太沒意思了，生活已經那麼苦了，為什麼還要自己找罪受呢？

2017年高考榜首熊軒昂在接受媒體採訪時的一段話在當時引發了熱議。他說：「農村地區的孩子越來越難考上好學校。像我這種屬於中產階級家庭的（孩子），衣食無憂的，而且家長也都是知識分子，而且還生在北京這種大城市，所以在教育資源上享受這種得天獨厚的條件，是很多外地的孩子或者農村的孩子完全享受不到的⋯⋯我父母是外交官，怎麼說呢，（他們）從小就是給我營造一種很好的家庭氛圍，包括對我這種學習習慣、性格上的培養，都是潛移默化的。」

我有一個朋友當年高考考上了一所後段大學，他的成績和那些考入清華大學、北京大學的學霸相比可能不值一提，但在他生活的十八線小城鎮裡，這也是一件很值得驕傲的事情了。

他曾對我說，他覺得自己之所以能夠考上大學，很大程度上是因為父母當初的一個決定。他小學成績很差，親戚朋友都勸他父母讓他隨便上所中學，以後學點技術就行。可他父母並沒有這樣做，而是拿出家裡僅有的積蓄，把他送到了縣裡一所不錯的中學。父母送他去學校報到時對他說：「兒子，這是爸媽能讓你上的最好的學校了，只要你肯念書，爸媽砸鍋賣鐵也會供你，但希望你能夠珍惜，別留下遺憾。」

進了這所學校之後，他發現身邊的同學上課都很專心，自習課也是靜悄悄的，如果自己不學習，反而會成為異類。再加上父母花了那麼多錢供他念書，這讓他非常感動。於是他發憤讀書，成績從班級倒數第一上升到名列前茅。如果不是他父母當初拚盡全力讓他上了縣裡較好的初中，他可能早就步入社會了。

不得不承認，目前的教育資源配置的確不均衡。生活在大城市的孩子可選擇的教育資源更為豐富，而那些生活在小城市或是偏遠農村的孩子的教育資源則明顯少了許多。同樣，原生家庭的經濟條件也會影響孩子所能接受的教育品質。有條件的家庭可以給孩子營造更好的學習環境，找更好的老師，相比其他孩子，他們的確可以在學習方面擁有更多助力，而那些普通家庭的父母往往為了生計疲於奔命，陪伴孩子的時間也較少，他們能為孩子提供的教育資源也極其有限。

當物質條件不盡如人意時，想要透過學習來改變命運的確更艱難。美國政治活動家芭芭拉・艾倫瑞克為了尋找底層貧窮的真相，在1998年開始了一場特別的「臥底」實驗。她拿著1,000美元，停止和之前朋友的一切來往，隱瞞了自己的身分，來到不同的城市，只為體驗一下美國底層人民的真實生活。

原本擁有生物學博士學位的她還是一名暢銷書作家，收入可觀。而為了保證這次實驗的客觀性，她之前所學的知識、技能都不能使用。實驗開始前，她認為自己透過努力一定能越過越好。可當她深入體驗之後才發現，當一個人處於低薪階層時，努力工作的收入只夠維持基本生活，想要改善生活，就會感覺力不從心，因為此時的自己已經陷入了「窮忙」的循環之中。

一開始，芭芭拉在基韋斯特找了一份在餐廳做服務員的工作，每月能賺1,039美元。為了省錢，她租住在距離基韋斯特48公里外的高速公路邊的房子，單向車程需要45分鐘，房租為500美元。省錢的代價就是她要比別人起得更早才能不遲到。忙碌了一天，下班回到家天已經黑透了，身心俱疲的她已經沒有精力再拿起書本繼續學習。即便如此，她每月的薪水在扣除餐飲、話費、交通等開支後只剩下22美元，這還不包含那些因生病、意外等造成的額外開銷。

後來她決定搬到離工作地點更近的地方，這樣就能縮短通勤時間。於是她在市區找了一家拖車旅館，租金為625美元。這樣一來，通勤時間的確縮短了，可僅憑她原來的薪資根本無法應付日常的生活開銷，她不得不再找一份兼職，忙碌一天之後，她更加沒有精力再去學習，如此就進入了一個惡性循環。時間一長，人也就變得麻木，最終不甘不願地接受了現狀。

我想，芭芭拉的經歷很多人都有共鳴，雖然她工作很努力，但因為從事的一直是廉價的體力勞動，本身的發展很受限制。要想擺脫這種低薪的困境，她就必須透過學習讓自己掌握更多的知識和技能，而這需要時間、意志力和金錢。看似並不

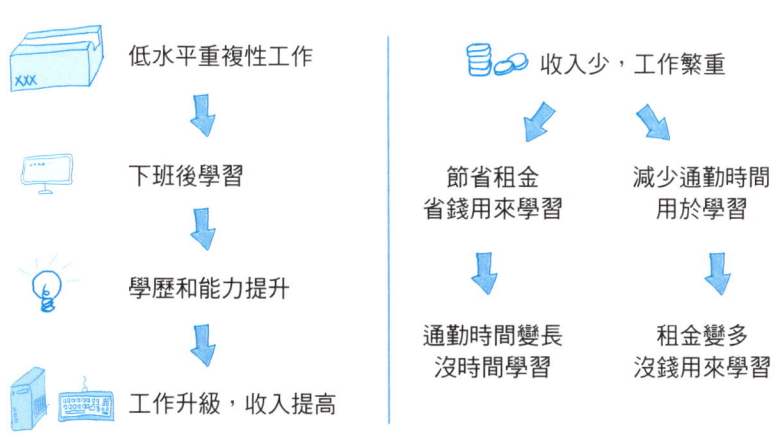

理想中的規劃　　　　　　現實中的困境

嚴苛的條件，在具體實施時卻很難兩全。要麼是為了省錢浪費了時間，要麼是節省了時間卻又多花了錢，這就是現實存在的問題。當一個人有了相對較好的經濟條件時，他透過學習來提升自己就變得相對容易。但當一個人本身經濟條件不佳，大部分時間和精力都用來維持生計時，要想學習就會變得有心無力。

難道我們真的只能被動屈服於外在的經濟條件，將自己越過越差的原因全都歸咎於它嗎？我之前看過一檔旅行節目《地球之極‧侶行》，主持人張昕宇和梁紅前往海地，那裡的窮困超出了我的想像。因為國土面積很小，且百分之七十五都是山地，加上水土流失嚴重，耕種業發展受限。海地的一項主要經濟來源是捕魚業，但捕魚基本被企業和個人壟斷，這就導致很多海地人沒有工作，為了生存，他們只能做點小生意。即便是在海地的首都太子港，也隨處可見低矮的棚屋、髒亂的街道，空氣中散發著臭味。在當地，人們很喜歡買一種叫「泥餅乾」的零食。泥餅乾的製作方法是用水把土和成泥，接著簡單篩一遍，加一點鹽和奶油，然後把和好的泥用手捧著，一點點抹在一張破舊的塑膠布上，最後放到太陽底下曬乾成形，很多當地人都是一桶一桶地買來充飢。在這裡，很多小孩因為貧困輟學在家，沒有知識的他們只能從事體力勞動，導致下一代依舊生活在沒有希望的環境當中，無法改變自己窮困的命運。

讓我印象深刻的是這期節目中的一位當地嚮導。他家非常貧窮，父母都是文盲。但在他小時候有人曾對他說：「好好學習，學會了英語就能賺到錢。」於是，為了改變命運，他透過背電影台詞、學英文歌曲等方式瘋狂地自學英語。現在的他有著不錯的工作，且收入可觀。他給張昕宇當翻譯，一天的酬勞是200美元，相當於一個當地人五年的收入。他在節目中對當地的孩子們說：「一定要一直學習，一直學習，這樣你的生活就會變好。」

　　這是一個典型的靠學習改變命運的例子。這位嚮導所處的生活環境比我們絕大多數人都要惡劣得多，他比我們更有資格埋怨命運的不公。如果他屈服於現狀，像周圍人那樣只是一味地抱怨，就不可能過上現在的生活。誠然，貧窮限制了他的學習條件，但他並沒有因此屈服，而是盡自己所能，找到一切可以利用的資源去學習。這期視頻的彈幕幾乎都在重複著一句話：知識真的能夠改變一個人的命運！

　　1967年，美國著名心理學家馬丁·塞利格曼在研究動物時發現了一個令人詫異的現象。他將狗關進籠子中，每當蜂鳴器響起，就會對狗進行幾秒鐘的電擊。此時，狗會變得驚恐不安，一直在籠子裡跳來跳去，試圖逃離以躲避電擊。電擊停止後，被驚嚇的狗立刻趴下，疲憊不堪。這樣重複幾次之後，被折騰到絕望的狗無助地趴在籠子裡，當蜂鳴器再次響起，電擊

來臨，狗沒有了任何反抗和躲避行為，只是一味地蜷縮在籠子裡，顫抖地忍受著電擊，甚至不等電擊開始就先開始顫抖和呻吟。最後，實驗人員將籠門打開，狗只要輕輕一躍就能逃離這種痛苦，可即便如此，那隻狗卻依舊趴著，絕望地呻吟著，不再反抗。

馬丁・塞利格曼由此提出了習得性無助這一概念。它是指因重複的失敗或懲罰而造成的任憑擺佈的行為，或是透過學習形成的一種對現實感到無望、無可奈何的行為或心理狀態。

如果說在封閉的籠中，狗無法逃離，只能被動接受電擊，可為什麼當實驗人員將籠門打開，牠卻依舊無動於衷，選擇繼續留在原地，接受電擊呢？

這是因為狗在過去數次被電擊的過程中嘗試逃離或減輕痛苦的行動都失敗了，從而給牠留下了一個深刻的印象，那就是自己的努力對最終的結果沒有任何改變作用。既然自己再怎麼努力也無法逃離痛苦，那就沒有必要再做出新的嘗試了。雖然之前的失敗經歷已經過去，現在自己所處的是一個新的環境，但牠依舊留在原地，麻木地接受著一切。這種擺爛的心態在人的身上也很常見。

我曾經在網路上發表過一篇關於如何練習寫作的文章，有位讀者評論道：「你之所以能夠有所收穫，是因為你有寫作天

改變命運的按鈕就在眼前，
但卻再也沒有勇氣站起來，走過去，按下按鈕⋯⋯

賦，而我什麼都沒有，所以我做不到。」

就像我在本小節中一開始提到的那位給我發私信的讀者，他覺得自己現在之所以過得不好，是因為沒有高學歷；之所以沒有高學歷，是因為小時候成績不好，父母沒有錢給他請家教；他在工作上的不如意、婚姻上的不順等，也是因為父母沒能幫他安排工作、幫他買房。總之，他將所有責任都推到了父母身上，而將自己描述成了一個無辜的受害者。

當一個人經歷了多次失敗和低谷，尤其是自己曾經的努力沒有得到預期回報時，就會慢慢形成一種「努力註定是白費」的自我暗示。在這種消極信念的作用下，他會漸漸認為努力是沒有用的，還不如及時行樂，當一天和尚撞一天鐘，甚至還會將責任全部推脫到環境、他人、命運、天賦等客觀因素上，覺得自己之所以變成現在這個樣子，都是環境使然。既然原因不在自己身上，那麼自己也就無須改變。以此為藉口，他就可以

真「佛系」
勇於去爭取，不在乎成敗！

假「佛系」
自我否定，害怕失敗，「躺平」逃避！

大部分人的「佛系」其實是自我否定，懶得嘗試！

心安理得地待在舒適區，一邊訴說別人如何對不起自己，一邊被動等待著命運的救贖。

我們都想改變自己的境遇，也總想著「不勞而獲」，寄希望於環境、他人、運氣等因素的自動改變，從而讓自己的境遇變好。為什麼不選擇重拾主動權，自己努力爭取呢？

有人會說自己太迷茫了，不知道該如何去做；有人會覺得命運是上天註定的，即使自己再怎麼努力也很難改變結果；有人會覺得自己天生意志力差，幹什麼事情都堅持不下來，有心無力；有人則認為完全沒必要，明天和意外哪個先來都不一定，應該及時行樂；甚至還有人會憤憤不平，覺得憑什麼自己需要努力，而某些人出生就已經是人生巔峰……不管出於哪種想法、何種解釋，其實都是自我紓解和「洗腦」的藉口，本質上都是對現狀麻木接受、無可奈何的習得性無助。

正是這種錯誤的心態,導致很多人寧願吃生活的苦,也不願意吃學習的苦。這是為什麼呢?因為生活中的苦悶雖然不好受,但更容易被接受,在日復一日中,人們就漸漸習以為常了。況且,在工作中吃了苦,生活中受了挫,我們還有很多能夠立刻見效的排解方法。

被生活打壓,感覺很憋屈?沒關係,玩會兒遊戲,在虛擬世界中當一回英雄,叱吒風雲,就能輕而易舉地忘掉現實中的不如意。經濟狀況不如意,事業發展不順利?都是小問題!看看人均消費破萬元的豪華餐廳探店影音,欣賞一下主播展示的上億豪宅,就能在精神世界體驗一把做有錢人的感覺,收穫滿滿的成就感——即便這種快感是虛假的、短暫的,對解決實際問題沒有任何幫助。

做這些事完全不用動腦,不用深入思考,更不需要意志力,小手一滑,獲得快樂就是這麼簡單、迅速。而背書、刷題、學習技能等則不是立刻就能有所收穫的,只有積累到一定程度才能漸漸得到回報。你需要長時間的堅持,每天逼著自己坐在桌前一遍遍地思考和練習,承受著因孤獨、對未來不確定的恐懼感、反覆失敗的挫敗感、旁觀者的冷嘲熱諷等導致的各種焦慮情緒。而這些負面情緒和壓力都會快速腐蝕你的意志力,嚴重限制你大腦中「理性小人」的正常工作。

一個是在當下不用怎麼付出就能得到的「速成」快樂,一

個是需要面對現實，經歷挫折，在長期不斷的努力和沉澱之後才能有所收穫，你會如何選擇呢？

之前我在網路上發表了一篇文章，評論區有好幾位網友埋怨篇幅太長，沒有耐心看完。那篇文章大約3,000字，15分鐘之內就能讀完，卻有好幾位網友反映說自己連這15分鐘都無法堅持。

沉溺於短期快感無法自拔，最終形成短期快感成癮，這是學習最大的敵人！它會偷走我們大量的時間，讓我們變得只顧眼前舒適，不管日後的長遠發展。它還會讓我們變得急躁、沒有耐心，無法靜下心來做事，只習慣於接受那些容易理解的膚淺資訊，不想動腦筋，做什麼事都急於求成，總想結果來得更快一些，懶得付出努力和堅持積累。如果不加以制止，一直縱容自己沉溺下去，不僅無法做到高效學習，就連低效率的學習都將成為奢望。

第三節

短期快感成癮到底是什麼

詹姆斯・奧爾茲和彼得・米爾納曾是麥吉爾大學年輕有為的科學家。20世紀50年代，他們在對小白鼠的大腦進行常規性試驗時，發現了一個令人詫異的現象。

他們將一根針狀電極植入小白鼠的大腦中，當小白鼠四處走動時，實驗人員按下按鈕，電極會產生電流刺激小白鼠的大腦，從而讓牠們迅速產生恐懼反應，倉皇逃回籠子。這一現象原本已經被很多科學家驗證過了，可是當奧爾茲和米爾納在做類似的實驗時，卻發現有一隻小白鼠似乎非常享受這種電擊，一直在受到電擊的地方徘徊，好像每次電擊之後都感覺意猶未盡。

為了一探究竟，奧爾茲和米爾納開始對這隻反常的小白鼠進行觀察。最終發現，原來當初給這隻小白鼠植入電極時將電極的位置放錯了，本應該放到網狀組織中的電極，卻被插進了小白鼠大腦的中隔。正是這次失誤，造成了這隻小白鼠的反常行為，也讓他們誤打誤撞地發現了大腦中存在一個區域，在受到刺激之後會產生快感。

原來，實驗中電極插入的區域是大腦的獎勵系統，每當受到刺激後，該區域都會分泌一種名為多巴胺的神經遞質。實驗中的小白鼠正是因為大腦分泌了大量的多巴胺，才會出現如此反常的舉動。

那麼，多巴胺到底是什麼，又有什麼作用呢？20世紀80年代，劍橋大學神經科學教授沃夫曼・舒爾茨曾參加了一個研究猴子大腦的實驗項目。用於實驗的猴子叫胡里奧，牠特別喜歡喝黑莓汁。舒爾茨教授在胡里奧的大腦中植入了一根電極，以便細緻觀察實驗中其腦部神經元發生的活動。然後胡里奧被放在了暗室的一把椅子上，在牠的面前有一面螢幕。當螢幕顯示黃色螺旋、紅色波形線條和藍色線條等彩色圖案時，胡里奧拉動一旁的拉桿就能喝到一滴黑莓汁。

在實驗剛開始時，胡里奧顯然並不在乎螢幕上播放著什麼圖形，牠更關心的是如何離開這個鬼地方。但當牠喝到幾次自己最愛的黑莓汁後，情況發生了變化。胡里奧逐漸發現了自己

喝到黑莓汁的規律，於是變得專注起來，認真地注視著螢幕，只要出現對應的彩色圖案牠就會拉動拉桿，然後張開嘴巴，等著喝喜歡的黑莓汁。舒爾茨教授透過監測發現，每當胡里奧喝到黑莓汁，牠的大腦中就會出現一個尖峰脈衝，並分泌出大量的多巴胺，這代表此時的胡里奧很興奮。

在胡里奧將這一行為練習得越來越熟練後，只要看到螢幕上出現對應的彩色圖案，牠的大腦就會出現尖峰脈衝。這說明，當胡里奧發現了螢幕上彩色圖案和黑莓汁之間的聯繫後，僅僅只是看到螢幕上的彩色圖案，牠就已經開始期待著黑莓汁的出現了，此時螢幕上的彩色圖案不僅是提醒胡里奧拉動拉桿的信號，更是讓牠產生期待、興奮的信號。後來，實驗人員還故意在彩色圖案出現之後不給胡里奧喝黑莓汁，這樣原本的興奮就會變成渴求，胡里奧依舊會呆坐在那裡，一個勁兒地拉動拉桿，急切地希望自己的渴望被滿足。

這個實驗和前文中提到的電擊小白鼠的實驗很相似，但卻讓人們對多巴胺的瞭解更進了一步。

一提起多巴胺，人們往往會很自然地將其和快樂聯繫到一起。但實際上，大腦的獎勵系統在分泌多巴胺後並不會產生快樂的感覺，那種感覺用興奮來形容更為準確。這時的大腦會因為期待接下來可能得到的獎勵而變得躍躍欲試，正是在這種感

覺的刺激下，大腦才會不由自主地發出行動指令，以求獲得預想中的獎勵。

多巴胺是看見「獎勵」的那種興奮感和渴求感

多巴胺不是得到「獎勵」後的那種滿足感和喜悅感

　　實驗中的猴子胡里奧在一開始沒有發現黑莓汁和螢幕上的彩色圖案之間的聯繫時，牠的大腦中多巴胺的分泌是沒有規律的。等到胡里奧意識到線索和獎勵之間的聯繫後，多巴胺的分泌就開始變得有規律起來。每當牠看到螢幕上的線索出現，即便牠還沒有拉動拉桿，還沒有喝到黑莓汁，多巴胺的分泌就已經瞬間讓牠獲得了快感。而當牠在喝到黑莓汁之後，多巴胺的分泌反倒回歸到正常水準。

　　動物的大腦如此，人的大腦也一樣。布萊恩・克努森在某次公開課上分享了自己曾經主導過的一個實驗。他們設計了一

個「贏錢」遊戲，大致的規則是每當螢幕上出現某個符號時，只要被測試者及時、準確地按動按鈕，就能獲得相應的金錢獎勵。實驗人員則會透過功能性磁共振成像設備觀察被測試者在玩遊戲時大腦的血液流量情況。

實驗結果表明，每當螢幕上出現「贏錢」的符號時，被測試者的大腦伏隔核就會釋放大量多巴胺。可當他們按動按鈕，得到獎勵後，伏隔核反而表現得很平靜。

多巴胺的大量釋放會讓大腦陷入一種渴望得到某種獎勵的欲望與期待中，這種感覺並不是快樂，而是一種想要得到獎勵、感受愉悅的渴求。正是在這種需求、欲望和期待的刺激下，「行動系統」被啟動了。多巴胺會促使我們從想像跨越到行動，但如果不進行自我控制的話，我們很容易會淪為多巴胺的「奴隸」，一直處於欲求不滿的狀態，最終成為一個「癮君子」。

一有時間就打開手機刷短影音，躺在床上看到深夜，睏了、累了也要一邊打著呵欠一邊不斷刷新頁面；為了集齊所有盲盒拍照發到朋友圈，選擇透支信用卡，借錢也要買；坐在電腦前連續玩好幾個小時的遊戲，不斷地投入時間和金錢只為升級遊戲角色……此時的我們像極了為了黑莓汁而不斷拉動拉桿、不眠不休的猴子胡里奧。

為什麼刷完短影音、打完遊戲、衝動消費之後我們並沒有

獲得滿足感，反而感到非常空虛呢？因為這種刺激是呈邊際效用遞減的，會因為多巴胺閾值的上升而漸漸感到索然無味。為了維持原有的興奮感，我們需要比原先更強烈的刺激，於是再次掉進欲望的陷阱中，不斷地想要獲得更多。久而久之，我們就會對此上癮。原本每天玩一局遊戲就感覺很開心，慢慢變得一有時間就想玩，最後發展到除了睡覺其他時間都在玩，不玩就感覺百無聊賴、沒有勁頭，越玩越空虛，越玩越迷茫。

說起上癮這件事，很多人只知道物質上癮，即對菸、酒、藥物、垃圾食品等產生依賴。但其實還有行為上癮，比如對網路遊戲、賭博等產生的超乎尋常的嗜好和習慣，這類行為上癮比物質上癮更具有隱蔽性。

如何判斷一個人對某種行為的執著是興趣愛好還是行為上癮呢？在做某件事情時不要只看它在當下能帶來的回報，而要從長遠角度看是否會造成負面後果，並判斷兩者孰輕孰重。如果明知道這種行為弊大於利，但依舊欲罷不能，那就是行為上癮。

行為上癮往往就隱藏在短期快感中。如果我們無法抵擋即刻滿足的誘惑，長此以往就會對原本不起眼的行為上癮，任由其對自己的身心健康、認知能力、執行力等各個方面造成破壞性的影響。

正確利用多巴胺，可以利用獎勵的「誘惑力」激發執行力！

若疏於自控，則很容易淪為多巴胺的「奴隸」，沉迷放縱而不自知。

美國著名地緣戰略理論家茲比格涅夫・布熱津斯基在20世紀90年代針對貧富差距提出了「乳頭樂理論」。他認為，隨著貧富差距的拉大，財富主要集中在少數人手上，被邊緣化的人的不滿情緒則會越來越嚴重。而消除這種不滿情緒、避免階層衝突的最佳方法，就是讓那些能夠刺激人們感官的娛樂消遣產品填滿被邊緣化的人的生活，比如網路、電視、遊戲等。娛樂通常分為兩種，一種是滿足型娛樂，你喜歡什麼我就給你什麼；另一種是發洩型娛樂，你覺得什麼刺激我就給你什麼。它們就像嬰兒吸吮的奶嘴一樣，能幫助人們轉移注意力和負面情緒。這種快樂能夠輕易獲得，於是人們很容易陷入其中，久而久之，人們深入思考的能力、執行力、解決問題的能力等都會慢慢衰退，最終讓人和人的差距越來越大。

任由多巴胺擺佈不僅會讓我們一直被欲望牽著鼻子走，一再屈服於誘惑，抱著及時行樂的念頭，不斷地放縱成癮，還會讓我們變得越來越急功近利，總想找到做事速成的捷徑。

　　網路上很多人發布各種「凡爾賽」式的作品，炫耀著自己的精緻生活：買奢侈品如買菜，吃一頓飯人均兩三千元，代步都是跑車，還得在車庫選半天。看視頻的我們一邊羨慕一邊自我調侃：「今晚的做夢素材又有了！」殊不知，在這場「精神高潮」中，這種「高奢文化」正在潛移默化中刺激著我們的神經，影響著我們的價值觀。導致我們越看越浮躁，越看越自卑，並將特殊視為普遍，將片面當作現實。

　　而這背後的真相是，視頻中的主角只是一味地將自己光鮮亮麗的那一面無限放大，目的就是為了引起你不切實際的幻想，吸引你的注意力，收割你的時間，獲取流量，甚至金錢。

　　7天學會畫畫、14天掌握寫作、21天精通英語等等，這類內容為什麼那麼火？將一門需要長期刻意練習的技能和極短的時間掛鉤，當然可以吸引那些急於求成，總想劍走偏鋒的人群。當你滿腦子都是趕快成功，趕快有結果，以這種近乎荒唐的方式來追求所謂的效率，才是對自己最大的耽誤。

第四節
延遲滿足到底是不是偽科學

20世紀60年代,史丹佛大學心理學家沃爾特‧蜜雪兒博士在一所幼稚園進行了一項關於兒童自制力的實驗。實驗人員將一個房間設定為孩子們的「驚喜屋」,屋子裡的桌子上擺放著一些對小朋友具有很強誘惑力的棉花糖、餅乾等零食,使他們非常想立即得到。零食的旁邊放有一個小按鈴。除此之外,屋子裡面沒有任何能夠幫助孩子分散注意力的東西。

「遊戲」規則大致是這樣的:實驗人員讓參與實驗的孩子依次單獨在「驚喜屋」中玩耍,如果孩子願意獨自待在屋子裡,並且不碰桌子上的按鈴,不吃零食,一直等待實驗人員回來,那麼他就可以獲得雙倍的零食獎勵。但如果他不願意等待,在實驗人員回來之前直接按動按鈴或是吃掉零食的話,就

沒有額外的獎勵了。

為了讓實驗順利、有效地進行，提前贏得孩子們的信任感是很重要的。一方面，實驗人員會先和孩子們玩耍一段時間，和他們熟絡起來。孩子在進入「驚喜屋」後，他們還會假裝離開，並告訴孩子，如果要找他們，直接按動按鈴即可。只要孩子一按鈴，他們就馬上回來，這樣重複多次，讓孩子逐步建立起安全感。另一方面，實驗人員將兩份數量不一樣的零食擺放在桌子上，一份少，象徵著即刻獎勵，另一份多，象徵著未來獎勵。這樣做能讓孩子更加相信，只要不碰零食，等待實驗人員回來，就能得到雙倍的獎勵。透過這種將當下誘惑和未來回報同時呈現，更為直觀地觀察孩子在面對這種衝突時的表現，就是著名的「棉花糖實驗」。

實驗人員在向孩子們介紹遊戲規則時，幾乎所有的孩子都會信心滿滿地選擇等待。等實驗人員一離開，孩子們的表現卻各不相同。

有的孩子雖然很想吃桌上的零食，但他們會想方設法轉移自己的注意力。他們有的自言自語，告誡自己要忍住，不要去看，更不能去碰零食；有的則將椅子搬到離桌子很遠的地方，用腳磕碰椅子腿，讓自己暫時忘記零食的存在。

有的孩子雖然知道再忍耐一會兒就可以成功，但卻抵擋不

住零食的誘惑，提前按鈴或直接拿起零食吃了起來。其中有個孩子十分「機智」，他在實驗人員離開之後就開始四處張望，在確定沒人看見之後，便直接拿起盤子裡的餅乾，輕輕掰開後用舌頭將裡面甜甜的奶油都舔乾淨，然後再把餅乾合起來，重新放回盤子裡，擺放成原來的樣子，全程表現得十分冷靜且小心翼翼。這讓觀看監控的實驗人員驚詫不已。

實驗完成後，實驗人員對參與實驗的孩子進行了長期追蹤，平均每10年評估一次。從評估結果來看，那些在該實驗中能夠堅持更長時間的孩子在長大成人之後的自控力、專注力、抵制誘惑及承受挫折的能力都相對更強。也許這種描述過於抽象，為了更直觀地做出評估，他們決定對比孩子們多年之後的SAT（相當於美國的高考）考試成績。從成績上看，當年在「驚喜屋」中忍住不吃零食，堅持時間更長的孩子成績都更為優秀。在日後的追蹤評估中他們發現，堅持時間更長的孩子學歷水平更高，濫用藥物、過度肥胖等情況也更少出現。

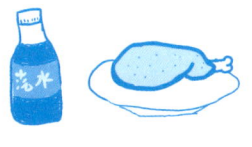

即時獎勵 　　　　　未來獎勵

**在理性的狀態下，你知道哪個選項對自己最好！
但在誘惑面前，你會如何選擇呢？**

當然，我們不能直接將這次實驗視為對孩子未來的預測，它不是在給孩子們「算命」，而是透過實驗的方式探討有利於提升自律能力的方法，讓我們知道在面對誘惑，甚至短期快感成癮時，應該採取哪些方法來延遲滿足。

那麼，什麼叫延遲滿足呢？在我看來，它是一種在面對誘惑時，能夠為了更有價值的長遠結果而和「衝動小人」作對，選擇克制自己即刻滿足的衝動，去等待和忍耐的自控力。

人性的本能更傾向於及時行樂，更喜歡那些在當下就能滿足欲望、體驗到快感的事物。比如，你想吃麻辣燙，你的本能就是馬上下單購買，不願意去想是否健康。又如，你正準備打開書複習，朋友卻給你發訊息邀請你去看電影，你的本能是馬上答應，不願意去考慮下週的考試該怎麼應付。當誘惑出現時，大腦中的「衝動小人」就會變得十分活躍，不斷叫囂著「無須等待，現在就要！」的口號。但這並非表明人天生就是如此懶惰和短視，人的本能更多的是一種衝動的壓力反應。

看到美味的零食就想放進嘴裡，遇到困難就想轉身逃跑，發現好玩的遊戲就將學習拋在腦後，這些行為都是在人性本能驅動下的自然反應。現在，你會覺得人性本能大有「扯後腿」的嫌疑，可放在茹毛飲血的原始社會，食不果腹，衣不蔽體，正是這些本能反應讓人類得以延續至今。那時的人類面對變化無常的天氣和隨時可能出沒的猛獸，大腦的應激反應正是最佳

的自我保護機制。但如今，面對欲望時的即刻反應卻成了阻礙我們理智選擇的「敵人」。

如果任由本能牽著鼻子走，隨心所欲，想做什麼就做什麼，你早晚會淪為多巴胺的「奴隸」。其實每個人都有自控力，在大腦處於理性的狀態下，我們都很清楚自己應該做什麼，不應該做什麼。但為什麼有的人就很自律，而有的人則懶散不堪呢？當誘惑來臨時，擺在我們面前的是同一道選擇題──當下的獎勵和未來的獎勵應該選擇哪一個。你所選擇的答案會直觀地體現你的自律能力，並影響著你的未來。

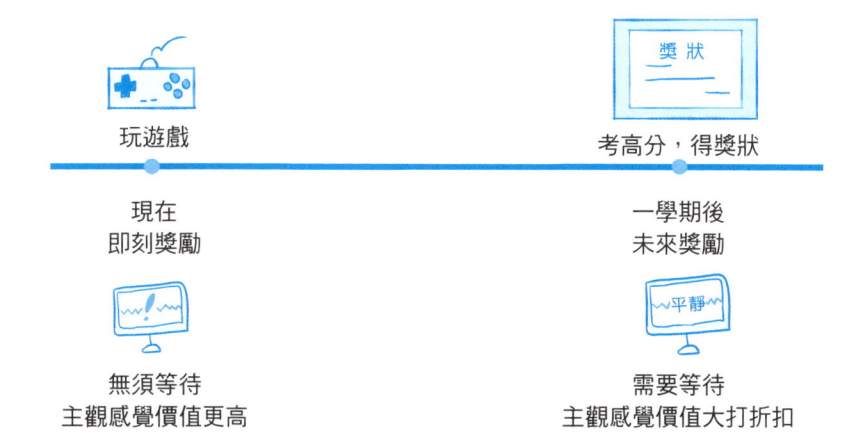

玩遊戲	考高分，得獎狀
現在 即刻獎勵	一學期後 未來獎勵
無須等待 主觀感覺價值更高	需要等待 主觀感覺價值大打折扣

延遲折扣是指當一種正面的結果被延遲，個體主觀感受到的價值就會隨著時間的推移而大打折扣。

當你路過奶茶店，看到看板上展示的新品飲料，大腦便開始將一杯香醇的熱飲鎖定為當前的獎勵。站在原地的你表面不露聲色，實際上大腦中的「衝動小人」和「理性小人」已經展開激烈的辯論。它們爭執的焦點是：應該現在喝一杯香甜的奶茶，還是在未來擁有好身材。

在理性狀態下，答案顯而易見：擁有好身材的價值要遠遠高於一杯奶茶。畢竟前者有利於健康，還能讓自己更加自信，而後者只是單純地過了把「嘴癮」。但此時，延遲折扣效應開始發揮作用了──即便擁有好身材對自己更有益處，但要在未來的某個時刻才能享受到它的好處；如果現在選擇喝一杯奶茶，雖然從長遠來看弊大於利，但當下自己就能過把癮。於是多數人會抵制不住奶茶的誘惑，而選擇即刻滿足。等到喝完之後，冷靜下來又會百般後悔，埋怨自己當時為什麼就不能忍一忍，於是痛定思痛，發誓再也不喝奶茶了，可等到下次同事拎著奶茶向你走來，你依舊會做出同樣的選擇。

在《自控力》一書中，凱利・麥格尼格爾記錄了這樣一個實驗。

這是一場來自哈佛大學、德國萊比錫馬普研究院的40名大學生與來自萊比錫沃爾夫岡・科勒靈長類動物研究中心的19隻黑猩猩的自控力對決比賽。研究人員給大學生提供的零

食獎勵是葡萄乾、巧克力豆、爆米花等,給黑猩猩提供的是牠們喜歡的葡萄。這次實驗有兩道選擇題。第一道題是實驗對象可以自由選擇要2份零食或是6份零食。不管是大學生還是黑猩猩,都毫不猶豫地選擇了後者。第二道題是實驗對象可以自由選擇立即吃掉2份零食,或是等待2分鐘就有機會吃掉6份零食。可以看出,這道題和第一道題區別不大,但收集到的答案卻讓研究人員感到十分詫異。有72%的黑猩猩選擇了等待,以此讓自己獲得更多的零食,但只有19%的大學生選擇等待2分鐘。

有著高智商的人類和黑猩猩比拚自控力,結果竟然完敗!難道人類的自控力已經弱化到如此低級的程度了嗎?其實,當選擇變成了「可以立即吃到2份零食」和「需要等待2分鐘後有機會吃到6份零食」時,延遲折扣效應就出現了。人們會不由自主地想,等待2分鐘之後真的一定會得到6份零食嗎?是否還會有新的規則變動?當未來的結果不確定時,這種不確定會讓人患得患失。與其這樣,不如選擇現在就可以得到的,即便得到的會少一些。

未來的獎勵雖然更有價值,但由於需要等待,所以變得更遙遠,且具有不確定性,於是它對人們的誘惑力也就大打折扣了。與其承擔風險,不如抓住當下就能獲得的獎勵。除了延遲折扣效應的作用,還有一個十分重要的原因,就是人們往往會

找藉口來自我安慰，主動說服自己先接受誘惑，而黑猩猩卻沒有這方面的「智慧」。

「我知道經常喝奶茶不好，今天情況特殊，先喝一杯，從明天開始我就不喝了。」

「反正今天已經起晚了，那就乾脆擺爛，再打幾局遊戲吧，明天我會早早起床背書，再也不浪費時間了。」

「今天直播賣的包包真好看，折扣力度還大，特別划算，我就買一個，下次絕對不會再買了⋯⋯」

我們內心比誰都清楚，屈服於眼前的誘惑並非高明的選擇，也知道自己的短視行為是在賤賣寶貴的未來。可只要一想到未來的獎勵需要一定時間的等待，且具有不確定性，那種勇於追求的熱情就會迅速消退。既然如此，何不把握現在，及時行樂，將一切麻煩都交給明天的自己。畢竟，一覺醒來之後，自己會變得十分完美、自律、果敢，能夠下定決心拒絕一切誘惑，堅定、勤奮地朝著目標努力，最終收穫成功。

此刻讀到這裡的你一定會笑出聲，這麼拙劣的謊言怎麼可能會有人相信呢？現在的你可能不會相信，但當你需要在當下的誘惑和未來的獎勵中做出選擇時，你就會忍不住相信這個漏洞百出的謊言，安慰自己這一切都是真的，只為讓自己心安理得地享受當下的短期快感。

```
玩遊戲                           考高分,得獎狀
────●──────────────────────────●────────▶
現在                             一學期後
即刻獎勵                          未來獎勵
(唾手可得)                       (需要努力和堅持)
   ↓                                ↓
短期快感                         當下會感覺到「痛苦」
影響學習成績                      提高了學習成績
給未來製造了麻煩                  在未來享有長期快感
```

不管你是否相信,人生中絕大多數問題歸根結底還是要靠自律來解決,人生的大多數痛苦和焦慮也只有自律才能治癒。而自律的核心恰恰是面對誘惑與欲望時的自控能力。

先苦後甜的真正意義是教導我們要與欲望保持一定的距離,不要被眼前唾手可得的安逸所蒙蔽,要能夠耐著性子去忍受痛苦,透過努力和堅持收穫更大的回報。

在《少有人走的路》一書中,作者斯科特‧派克講了這樣一段話:「推遲滿足感,就是不貪圖暫時的安逸,先苦後甜,重新設置人生快樂與痛苦的次序:首先,面對問題並感受痛苦;然後,解決問題並享受更大的快樂。在充滿問題和痛苦的

人生中，推遲滿足感是唯一可行的生活方式。」

一個真正的高效學習者，首先一定是一個善於「延遲滿足」的好手。需要注意的是，所謂高效學習，並不是指「30天學會英語」「10天搞定申論」這種不切實際的幻想。妄想透過做最簡單、最容易的事情，在短期內獲得極大的成功，同樣是沉溺於短期快感的表現。無法耐住性子的人很難沉下心來學習。高效學習的方法是在順應大腦學習規律的基礎上，運用技巧去提升自己的自控力、意志力、思考力、表達力、記憶力等，讓自己走出舒適區，學會積累和等待，不再局限於做簡單、容易、快速見效的事情。當這些基本的能力得到強化後，學習自然就會變得高效起來。

對於延遲滿足，有很多人並不認同。他們覺得延遲滿足是在故意和自己作對，越延遲越焦慮，一味地追逐更大的目標，反而沒有時間去享受，這樣的人生沒有任何意義。我認為，持有這種觀點的人對延遲滿足的理解是存在誤區的。

刻意練習延遲滿足的能力是為了鍛鍊自己面對誘惑時的自控能力。延遲滿足並不代表對一切欲望都要延遲，更不代表要取消滿足，而是在尊重自身需求的基礎上，有節制地滿足自己的欲望。

舉個例子。當你工作了一天，回到家後明明很想休息，但還需要為明年的考試做準備，看書學習，想要上床休息是目前

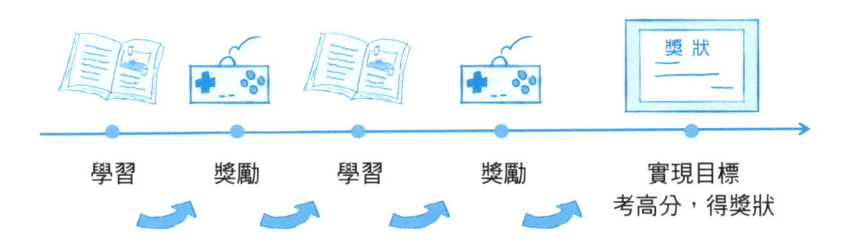

學習 → 獎勵 → 學習 → 獎勵 → 實現目標
考高分，得獎狀

**延遲滿足不代表取消滿足，
而是有目的、有節制地滿足欲望！**

阻止你看書學習的最大障礙。此時你面臨一個兩難的選擇：是該選擇上床休息，還是忍著睏意去學習呢？

我想多數人會心不甘情不願地去休息，並且在心裡責怪自己為什麼這麼不爭氣，彷彿只有神采奕奕地去學習才是合理的表現。雖然去睡覺了，但內心卻瞧不起自己，覺得自己沒有做到延遲滿足。

這就是對延遲滿足的錯誤理解。在上述案例中，上床睡覺是一個很正常的生理需求，工作了一天後，你的身體和大腦都需要休息，這是再正常不過的，它並非誘惑。故意無視自己的生理需求和精神需求是自虐，不是延遲滿足。

較為合理的做法是，與其強迫自己強撐著熬夜看書，不如早早睡覺，保證充足的睡眠，讓身體和大腦得到充分的休息後，早起1小時用來學習。

還有人認為：人生短暫，生活不易，為什麼就不能玩手機、打遊戲、吃美食呢？一直拚搏，絲毫不讓自己享受和喘息的人生還有意義嗎？畢竟明天和意外哪一個先來都不知道。

　　玩手機、打遊戲、喝奶茶、吃油炸食品等的確很容易讓人感到快樂，但經常提醒自己不要沉溺於短期快感，並不是說絲毫不讓自己去做這類容易製造快樂的事情，而是要拿捏好分寸。能夠產生短期快感的事情通常有助於我們排解壓力、消除負面情緒、激發執行動力，但如果過量，則弊遠大於利。至於明天和意外哪個先來，這個誰都說不準。可這並不是讓自己渾渾噩噩地生活、得過且過的理由。正因為人生苦短，我們才更應該珍惜當下，去做那些從長遠角度來講更有利的事情，而不是打著「活在當下」的旗號徹底放飛自我，過著被多巴胺「奴役」、在誘惑面前繳械投降、習慣性放棄的日子。

第五節

有一種病，叫「懶病」

　　網路上流傳著一個關於「勤奮小人」和「懶惰小人」的段子：「人的一生中，心裡都有兩個小人在打架，一個是『勤奮小人』，一個是『懶惰小人』，讀小學的時候『勤奮小人』常常把『懶惰小人』打得落花流水，讀初中的時候他倆常常打成平手，高中的時候『勤奮小人』常常被『懶惰小人』打得鼻青臉腫，終於，大學的時候他倆不再打架了，因為『勤奮小人』已經被打死了。」

　　短短一百來字卻引起了廣大網友的共鳴，大家覺得這根本不是搞笑段子，這說的就是人生呀。

　　懶也是分等級的，在「懶圈」裡誰也別妄想當第一，因為「懶無止境」，沒有最懶，只有更懶。別幻想著自己只是懶一

小會兒，過段時間就好了。懶也是一種「病」，它無法自癒，且隱蔽性極強，甚至無法真正得到人們的重視。而且懶會隨著年齡增長變得越來越普遍，越來越「高級」。對此我深有體會。

在我還是個不怎麼懂事的孩子時，那是我人生中最有活力的時光。那時的我對一切都充滿了好奇，嘴上經常掛著「為什麼」三個字，我可以頂著大太陽玩一中午，扯著嗓門哭一晚上，在沙發上跳來跳去。午休？想都不用想，我根本不懂什麼叫累！

上了小學，我體內的「懶惰小人」出生了。我發現自己竟然也會渴望睡覺，而這往往集中出現在我每天早起去學校、上課聽講以及做作業三個時間段。我還發現自己開始賴床、懶得寫作業、懶得洗襪子、懶得收玩具等等。這些都是「懶惰小人」在作怪。幸運的是，每當「懶惰小人」開始作妖時，我媽就會用高亢的大嗓門來「關心」我。基於在家和學校的「求生本能」，我的「勤奮小人」總能將「懶惰小人」打得落花流水。

等上了中學，我的「家庭地位」迅速提升。一是因為我的身體快速發育，個子長高了，不再是原來那個爸媽一隻手就能「擊倒」的小矮子了；二是一直輔導我作業的爸媽發現我做的習題越來越難，他們在我學習上的發言權變得越來越少，只

能充當後勤保障，變著法地給我做有營養的飯菜。在沒人「威懾」的情況下，我體內的「懶惰小人」也快速發育，變得越來越猖狂。

放暑假時，我認真地制定了假期預習計畫，並將其貼在牆上，期望能時刻提醒自己，可「懶惰小人」卻讓我懶得堅持下去，直到快開學了才急急忙忙補作業，哪還有精力去管預習的事情呢？

英語成績不理想，於是我決定每天早起半小時背單字。可每當鬧鐘響起，「懶惰小人」卻讓我根本捨不得離開暖烘烘的被窩。

今天該洗頭了，看著鏡子中亂糟糟、油膩膩的頭髮，糾結了半天，「懶惰小人」卻建議我只洗劉海……

總之，在這個階段，我體內的「勤奮小人」在面對「懶惰小人」的挑釁時會感覺越來越力不從心，甚至很多時候都會敗下陣來。只不過在高考的壓力下，「懶惰小人」還是有所忌憚，不敢太囂張。

終於，高考結束了，我考上了大學，學習壓力驟減，父母和老師再也不會整天盯著我學習了。我搬進了大學宿舍，光明正大地擺脫了父母的「掌控」，每月還能定時收到數目可觀的生活費，這一切都大大刺激了我體內的「懶惰小人」，於是它開始在我的體內稱王稱霸了。

沒有課時，我可以躺在床上玩手機，一直玩到天亮，再從天亮玩到天黑。到了用餐時間我也懶得下床去食堂，而是用手機點外賣或是讓同學幫忙打飯。為了考英語四級，買的單字書一年只背會了第一個單字「abandon」。以前制定的計畫表好歹還能實施一半，現在直接是寫完就作廢。以前出門還能洗個劉海，現在連這個環節也省了，直接變成了戴帽子，甚至是能不出門就不出門……

　　「懶惰小人」正式將「勤奮小人」打敗，在我的體內宣誓主權。當然，「勤奮小人」並沒有徹底消失。當我刷朋友圈看到別人越來越優秀時，當我期末考試成績不理想時，當我為日後的工作感到焦慮時，當我看到一直供我念書的爸媽有了白頭髮時，我的「勤奮小人」就會瞬間甦醒。但可悲的是，弱小的它已經不再是「懶惰小人」的對手，還沒堅持一天就又被「打個半死」。

　　在我最懶惰的時候，我唯一能做的反抗就是三不五時地癱在床上看心靈雞湯，讀一些自律方面的書籍，或是寫一張永遠都不會執行的計畫表。

　　現在已經有很多年輕人開始懶得行動、懶得學習、懶得自律、懶得堅持，如果不把懶惰的毛病治好，即使看很多有用的學習技巧，制定一個個看似很上進的目標計畫，又能產生多少實質性的作用呢？

在我十幾年和「懶病」抗爭的血淚史中，我發現自己的「勤奮小人」之所以總被「懶惰小人」打敗，是因為「勤奮小人」的體力和耐力嚴重不足，沒打幾個回合就累趴下了。這並不是因為「勤奮小人」天生就比「懶惰小人」弱，而是因為它身上的包袱太重了，而限制「勤奮小人」發揮的包袱，都是我自己揹上的。

你可以回想一下，自己會在什麼情況下制定計畫和目標呢？大多是在心情不好的時候！當你猛然發現別人似乎過得都挺好，而自己現實處境和理想生活的差距卻很大時，這會讓你感到無比恐慌、焦慮和痛苦。於是你默默拿出一個本子，在上面寫下了「改過自新」的計畫。在這種「雞血」分泌過多的情

況下，你會覺得自己願意付出一切努力，哪怕再苦再累也在所不惜。而此時制定的計畫絕對是高目標、多工、重強度、求速度，和自身實際能力嚴重脫軌。

一本英語四級單字書？我要一個月搞定！減肥十公斤？給我21天就行！複習申論？一個禮拜就可以拿下！與此同時，你還會發出各種各樣的誓言，如：從明天開始，我再也不吃晚飯了！從明天開始，每天6點起床跑步5,000公尺！從明天開始，每天看1個章節的書！從明天開始，每天練習英語聽力1小時……

目標越大，誓言越響亮，任務定得越多，你給「勤奮小人」的包袱就越重，越削減它的戰鬥力，「懶惰小人」的勝算也就越大。

- 繁重的工作
- 緊湊的計畫
- 外界干擾
- 誘惑
- 懶惰
- 負面想法

造成你痛苦、焦慮、無力的根源是你想要變得更好，卻沒耐心讓自己一點點慢慢變好！

每個人都有一套自控系統，它的正常運轉是需要消耗「電量」的，這個「電量」就是我們常說的意志力。正常情況下，經過一夜的休息之後，早晨是我們意志力最強的時候，具體表現就是腦子更好使、更有幹勁，能夠主動地「強迫」自己完成制定的計畫。但隨著時間的推移，意志力也在不斷地被消耗。當「電量」不足時，自控系統就會進入「自我保護」狀態，這時我們的思考能力、自控能力、毅力、執行力等表現就會大幅度下降，變得懶惰起來。如果此時我們沒有及時地給自控系統「充電」，而是繼續一味地向自己施加壓力，企圖喚醒體內已經餓得半死的「勤奮小人」，就會進入越自控越失控的狀態。越著急、越焦慮，壓力越大，意志力損耗就越多，自控系統就越無能為力，執行力就越差，最終只能選擇擺爛，透過沉迷遊戲、暴飲暴食、無節制消費等方式來麻痺自己，逃避現實。

2000年，美國佛羅里達州立大學社會心理學教授羅伊·鮑邁斯特和他的研究團隊提出了自我的活動損耗心理能量理論，簡稱自我損耗。他認為，如果個體將自我管理的資源用來改變以往的習慣，那麼個體就會在隨後的自我管理任務中產生損耗效應。儘管你感覺自己什麼都沒有做，但是每一次的選

擇、糾結、焦慮、分散精力等，都是在損耗你的心理能量，每消耗一點心理能量，你的執行力和意志力都會下降。

　　研究人員發現，引起自我損耗最重要的五個因素分別為：努力程度、感知難度、消極情緒、主觀疲勞和血糖水平。

　　瞭解了這些，我們就不難解釋為什麼越自控越失控，制定越繁複的任務，執行力就會越匱乏，越苛責自己，就越容易屈服於誘惑。太急切地追求成功，往往會用力過猛。大腦在制定計畫時往往會犯「空想主義」的錯誤，覺得只要自己下定決心，再苦再累都能堅持下去，但這樣制定出來的計畫和自身的執行能力是完全脫節的，等到真正實施時，繁重的任務只會加快自我損耗，直接導致自控系統癱瘓。

　　懶惰的人並非沒有上進心，頹廢成癮的人也只是被自己的計畫表壓垮了。因為不擅長意志力管理，缺乏執行策略，而讓自己的精力被白白損耗。他們之所以選擇迷失在短期快感中，無非是在高壓和失望之下做出的自保行為。

第六節
治療「懶病」的良方——「0+1+N」行動法則

我讀大學時立志要拿下英語四級考試，但我的詞彙量嚴重不足，於是我鬥志昂揚地制定了一個英語單字背誦計畫，要求自己每天背50個單字，這樣一年之後我的詞彙量就能達到18,250個。每次寫完計畫，我的心情就會特別澎湃，然後心滿意足地去睡覺了。等到第二天拿出單字書背誦時才發現，背誦50個單字真的太難了，自己根本做不到。有時是因為當天的課程太多，閒暇時間不夠；有時是因為要和同學出去玩，回來之後天都黑了，又累又睏只想睡覺。好不容易強迫自己坐到書桌前開始背誦單字，手機提示音卻響個不停，只能時不時地拿起手機回覆訊息，看似學習了很長時間，實際上卻沒背幾個單字。就這樣，每天背誦50個單字的計畫一直沒有成功過，只

要一失敗，我就備受打擊，索性直接放棄當天的計畫，然後放縱一下，決定從明天開始一定要全力以赴地背誦單字，並暗自發誓不完成任務不睡覺。可等到第二天，依然是老樣子，還是做不到，於是繼續用同樣的藉口來安慰自己。

當我們回歸理性時不難看出其中的問題所在。既然我根本無法做到每天背誦50個單字，那就應該縮減背誦單字的數量，制定和自身能力相符的任務量，等到適應背誦單字的節奏之後，再慢慢增加任務強度。

我真是太不爭氣了！
我一定要努力！

你有多懶惰，
制定出來的計畫就會有多繁重！

可當時的我是無法接受「自己做不到」這個事實。從小到大，家長和老師都告訴我：「有志者，事竟成。只要下定決心去做，再苦再累都能堅持下去。」因此，我對意志和執行力是有誤解的。我覺得只要自己肯下功夫，我的意志力就會永遠

保持滿格，只要有時間，我就能精神抖擻地快速執行，就能完美完成制定的任務。為表決心，當然也為了讓自己的努力更快見到效果，我會將每日計畫制定得非常充實。只要當天的任務沒有完成，或是因為某件意料之外的事情打亂了計畫，我就會感到特別焦躁與不滿，於是直接宣告當天的計畫失敗，今天先盡情玩樂，明天再完美執行。當我做不到時，就會認為是自己的決心不夠堅定、計畫不夠完美。越完不成越會打心眼裡瞧不起自己，越自我批評越會因為壓力爆表而躲在誘惑中不敢出來，就這樣習慣了懶惰度日。

從我的經歷可以看出，懶惰的人在制定計畫時容易脫離實際，總想用繁重的任務和完美的執行讓自己儘早成功，一鳴驚人。在他們眼中，要麼完美，要麼擺爛，他們無法容忍自己「一瓶子不響，半瓶子晃蕩」的狀態。

規定今天背50個單字，如果只背了10個，就覺得自己太不爭氣了，於是在接下來的幾天再也沒有打開單字本。要求自己在一個月內都不能吃高熱量食物，可看到朋友端著奶茶走過來時，自己沒有忍住，只喝了一小口就覺得自己的執行不再完美，反正已經喝了，不如就破例一次，明天再重新開始。

可冷靜想一想，背了10個單字，喝了一小口奶茶，真的是非常失敗的舉動嗎？對實現整體目標真的有那麼大的負面影響嗎？這更像是打著完美主義的幌子，實施懶惰和放棄的實際

行為。

養成自律，克服懶惰的核心有兩點。一是要懂得「引誘」自己付出行動，激發執行力。二是要不斷重複該行為，並將其養成習慣，利用習慣的力量來減少意志力的損耗。想要做到這兩點，用「0+1+N」行動法則這一招就夠了！

當我們確定了要養成的新習慣或要完成的任務時，不要想當然地設定任務量，而是要根據自己目前所處的狀態，向前邁出一步即可，也就是設定一個每日執行的最低行動量。完成當天的任務之後，可以自由決定是否繼續「走下去」，如果願意，就繼續完成，不願意就停下來。設定的每日最低任務量最好是「不起眼」的，即便是在自己很忙、很累、心情不好的情況下也能輕鬆完成。這樣做的目的是最大限度減少對意志力的消耗，從而「引誘」自己行動起來，透過日復一日的執行將其養成習慣。當一個行為被升級為習慣時，往往就會下意識地去做，自我損耗就很少了。

自律的人並非意志力有多強悍，他們深知自己的意志力是有限的，於是會主動減少自我損耗，將目標縮減成盡可能小的任務，以此來清除行動的阻礙，透過重複的力量有目的地將一個有意義的行為養成習慣，或是用一個新的好習慣替代舊的壞習慣。

自律的人利用習慣的力量做事，懶惰的人利用意志力做

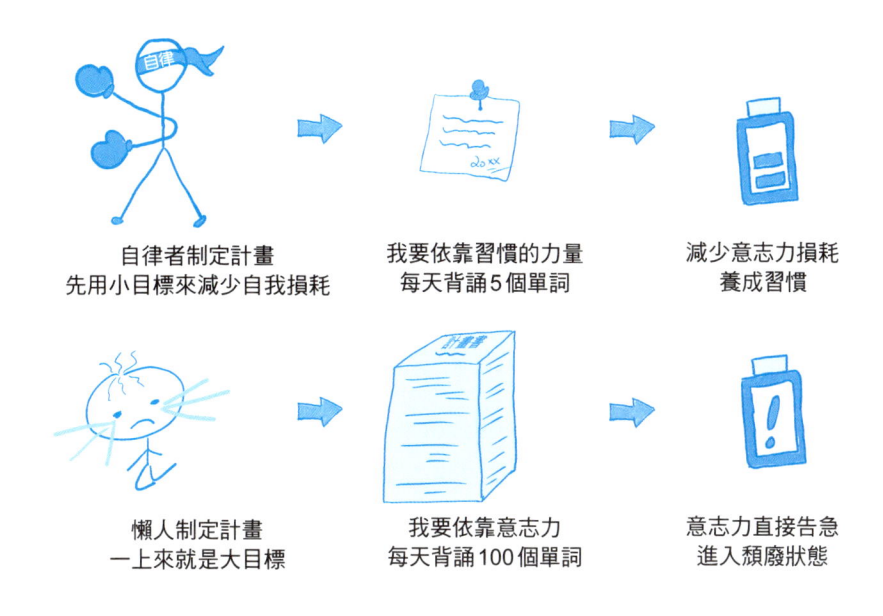

自律者制定計畫
先用小目標來減少自我損耗

我要依靠習慣的力量
每天背誦5個單詞

減少意志力損耗
養成習慣

懶人制定計畫
一上來就是大目標

我要依靠意志力
每天背誦100個單詞

意志力直接告急
進入頹廢狀態

事。這就是他們的區別所在。

在上一節中我講到了引起自我損耗最重要的五個因素：努力程度、感知難度、消極情緒、主觀疲勞和血糖水平，其中前四個是更為主要的。

比如你想背誦整本英語四級單字書時，規定自己每天背誦50個甚至是100個單字，可是你根本做不到，最後甚至連背誦1個單字的執行力都沒有。為什麼呢？因為你設定的任務造成的自我損耗太嚴重了，你的任務已經將意志力給「嚇沒了」。

在執行任務前，大腦都會對即將執行的任務進行評估，透

過感知到的努力程度、難易程度、情緒狀態、疲勞狀況等因素來消耗意志力。如果你平均每天能夠完成的單字背誦量為20個,但你卻規定自己要背誦50個甚至是100個,大腦在評估之後就會消耗大量的意志力來調動執行力。可自我損耗的速度太快了,你還沒有完成任務就已經感覺「身體被掏空」,自控系統為了自保,只能「棄帥保車」,放棄執行任務。而當你被繁重的任務壓得喘不過氣,又會引發消極情緒,繼續加劇意志力的損耗。於是,在接下來的幾天你進入了「混吃等死」的狀態,選擇自我放縱。

其實我們完全可以用「0+1+N」行動法則來制定目標。就拿背單字來說,你可以要求自己每天背誦5個單字。只要背會了這5個單字,就代表你完成了今天的任務。在完成當天的任務量之後如果覺得自己還能再背幾個,則完全可以選擇超額完成任務。

只設定最低行動門檻的好處是,大腦在評估任務時可以將自我損耗降到最低。在「懶病」發作時,我們的執行抵觸感會很強烈,但我們真正抵觸的並不是行為本身,而是過多的任務量。

每天背50個單字和每天背5個單字,兩者都是每天背誦單字的行為,但因為規定的任務量不同,所以對意志力的消耗也不一樣。「引誘」自己付出行動的方法就是利用微量的任務來

消除抵觸感，使任務小到不起眼，只需5到10分鐘就能搞定，甚至在睡覺之前「臨時抱佛腳」都可以輕鬆完成。回想一下，我們在騎自行車時起步的阻力是最大的，但騎起來之後就會輕鬆很多，刻意行動也是一樣的道理。行動之前，大腦在評估和聯想時的抵觸感是最強烈的，真正「引誘」自己走出第一步後，你會發現好像也沒有想像的那麼難。

每天背誦5個單詞

每天背誦100個單詞

收到命令！

宣布投降！

**壓垮自控系統的，
並不是某個行為本身，而是過多的任務量**

用小到可以忽略不計的目標來誘導自己開始行動是養成自律的第一步，然後就是每日重複該行為，重複是養成習慣的關鍵所在。但很多人對習慣養成是有誤解的，最典型的錯誤認知就是覺得單次的行動量越大，養成習慣的速度就越快。實際

上，習慣養成的秘訣是輕強度，重跨度。

在我們大腦中有這樣兩個「部門」，一個叫前額皮層，一個叫基底神經節。前額皮層相當於大腦的自控部門，控制著我們應該做什麼和不應該做什麼，這一過程需要不斷做出選擇，因此會一直消耗意志力。但人的意志力是有限的，不可能一整天都在自控。而基底神經節就是幫助我們節省意志力的，它相當於大腦的習慣部門，保存著我們之前已經形成的習慣，一旦需要用到，就會自動喚醒並播放該行為，這樣就能大大減少意志力的消耗，將自控力用到刀刃上。

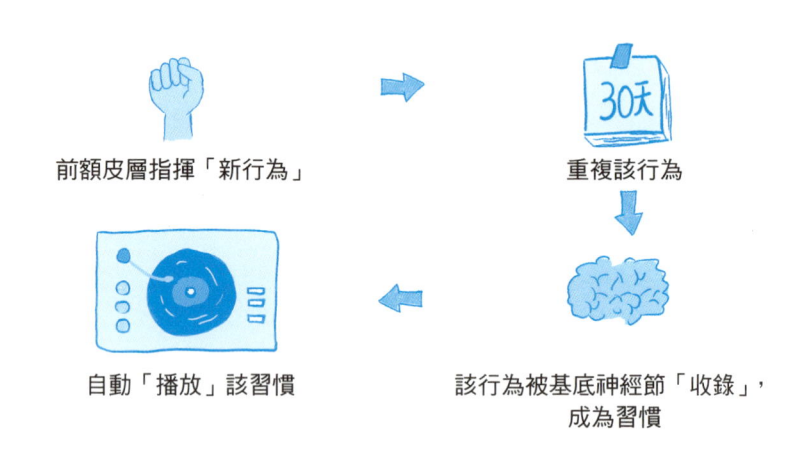

前額皮層指揮「新行為」　→　重複該行為

自動「播放」該習慣　←　該行為被基底神經節「收錄」，成為習慣

前額皮層和基底神經節是一對相愛相殺的歡喜冤家，前額皮層負責自控，能夠自由選擇想要刻意執行的某個行為，並能

將其不斷重複,最終將該行為形成習慣。這樣,基底神經節就可以接管該行為,需要執行時再也不用前額皮層刻意為之,直接「無腦」重複即可。

小時候學寫字時感覺每一筆每一劃都很難,寫了這邊忘了那邊,但當重複到一定次數之後,你會發現自己已經完全是下意識地在寫字,根本不用思考下一筆該如何寫。這就是前額皮層和基底神經節之間的通力合作。前額皮層透過自控讓我們刻意練習,等到重複一定次數之後,基底神經節就將這個行為記住了,此時就不用再調用前額皮層刻意執行了。

可它們也是「敵對」關係。基底神經節能夠將重複到一定程度的行為上升為習慣,這樣在需要時自動播放就能大大減少前額皮層的工作量,節省我們的意志力。不過基底神經節為了維護「習慣生態」的相對穩定,會透過排斥新的行為來減少對原有習慣的干擾。

比如,你在學寫字時養成了一個錯誤的握筆姿勢,而這個行為已經成了習慣。當前額皮層想要將其改掉,透過自控來使用正確的握筆姿勢寫字時,基底神經節就會從中作梗,百般阻撓。這時你用新的握筆姿勢寫字就會感覺很彆扭、很抗拒。

明白這個原理之後,你就能夠理解為什麼習慣養成的秘訣在於「輕強度,重跨度」了。在刻意執行某個行為時,基底神經節為了維護原來的習慣,會特別抵觸新的行為。原本你的習

慣是下班之後吃完飯就躺在沙發上玩手機，這個行為已經被你重複了上百次，每當你有閒暇時間，啟動該行為的「按鈕」就會被啟動，由基底神經節自動「播放」。可現在前額皮層卻發出了下班後背誦單字的新指令，自然會引起基底神經節的強烈不滿與反抗。這種不適感雖然會讓你很不舒服，但卻是個十足的好信號，起碼它證明了你已經開始對不良習慣下手，並著手培養一個新的好習慣。為了能夠讓你執行背誦單字的指令，前額皮層會花費更多意志力來應對舊習慣的反撲，因此，在這個階段最聰明的做法是儘量減少任務量以降低自我損耗。當新的行為被不斷重複，基底神經節就會慢慢放棄抵抗，「被動」選擇接受該行為，這樣我們就成功地將「下班後玩手機」替換成了新的習慣——「下班後背單字」。

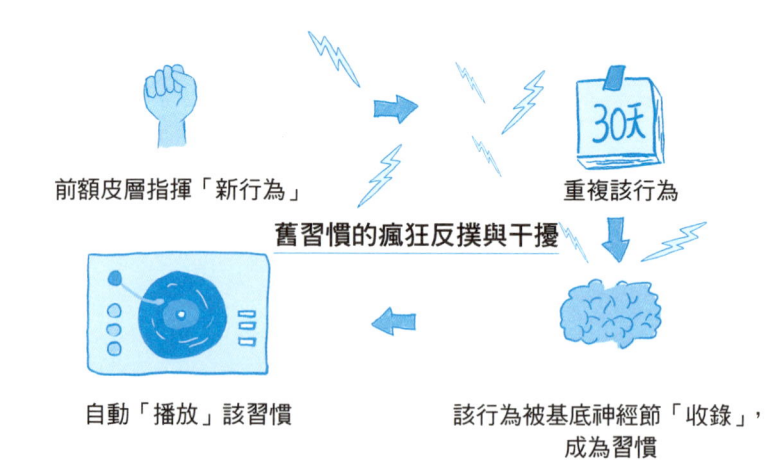

前額皮層指揮「新行為」　　　重複該行為

舊習慣的瘋狂反撲與干擾

自動「播放」該習慣　　　該行為被基底神經節「收錄」，成為習慣

「每天背50個單字」並不比「每天背5個單字」更容易升級成習慣。要想將背單字養成每日必做的習慣，重複每日背誦單字的次數和堅持的時間跨度才是真正的關鍵所在。當你規定自己每天只背5個單字，看似行動量很小，但依舊是在重複背誦單字這個行為，因為執行起來很容易，所以就能長期堅持下去，直至養成習慣。到那時，背誦單字就不再是刻意為之的行為，再增加任務量就會輕鬆很多。

　　你可能會說：「一天背5個單字也太少了，這種學習進度太慢了，根本沒什麼用。」一天背5個單字看似很少，但實際執行起來每天都可以做到，甚至每天都能超額完成，並且漸漸地將每天背誦單字變成了習慣，這樣日積月累的收穫並不小。但如果你像之前的我那樣，規定自己每天背50個單字，你很有可能在第一天就選擇了放棄，並由此引發頹廢與放縱。計畫制定得再多，如果不去完成也只是廢紙一張。

第七節

請管好自己的想像力

　　現在的年輕人之所以敢花錢、敢透支消費、敢享受，和市面上眾多消費金融軟體推出的分期免息購物、小額短期貸款等產品有著不可分割的聯繫。網路上曾流傳著一個關於美國老太太和中國老太太的故事。故事大意是：一位美國老太太用貸款的方式買了新房子，臨死之前終於將貸款結清。雖然她每月都要還貸款，但這位老太太很早就住上了大房子，在能力範圍之內提高了自己的生活品質，該享受的都享受了。一位中國老太太也想改善居住環境，於是一直省吃儉用，好不容易攢夠錢買了房子，還沒來得及入住就去世了。

　　很少有人會去判斷這種心靈雞湯式的段子到底是真是假，在眾多微信公眾號爆文的包裝下，它原本想要傳達的理念已經

完全失真。不捨得花錢就是不愛自己；沒有最新款和限量版就是「土」，就無法融入社交圈；不超前消費就是不懂得「珍惜當下，享受人生」……在這種「消費主義」的洗腦之下，很多年輕人都過上了「精緻窮」的生活，消費遠高於薪資，身著名牌服飾，口袋裡卻比臉還乾淨，就指望著領了每月的薪資來還上個月的欠款。

第一天看到最新款的數位產品，可是囊中羞澀，發現能分24期免息購買，於是果斷下單。第二天看到有名牌包打折，同樣支持分期購買，於是馬上掃碼支付。就這樣一單疊加一單，每月滾動還款的金額變得越來越大，終有一天將沉浸在虛榮中的自己驚醒，但那時的自己已經騎虎難下。原本每月還能夠按時還款，最後只能勉強將每月最低還款額補上，甚至還可能發展成「拆東牆補西牆」，這邊借那邊還，債務窟窿越來越大。

不要認為這種行為與學習無關。衝動消費、透支購買的行為同樣是陷入了「即刻獎勵」的陷阱之中。看到自己喜歡的東西就想要馬上得到，根本不願意等待和思考。從本質上講，之所以會產生這種問題，依然是面對誘惑時自控、自省和延遲滿足的能力不足所導致的。

美國金門大學的行銷學和心理學研究人員曾描述過人們衝動消費時的心理歷程。「在購物之前，人們會做出豐富的心理

準備，伴隨著購物過程，人們會自然而然地想像他們在使用這些新物品時的情景，同時也在設想著未來的新生活，這會讓人產生對未來的美好期許，不禁高興起來。」

由此可以看出，促使我們不假思索地按下付款按鈕的並不是商品本身，而是我們在看到該商品的描述文案和介紹時已經開始發揮的想像力。想像力告訴我們這件商品能夠給自己帶來許多好處，創造了一種虛擬的高期待，讓原本理性的自己變得衝動起來。

看到「女神」在推薦一款色號百搭的口紅，你就幻想著自己抹上之後瞬間變得光彩照人，男朋友都變得殷勤不少；看到某品牌推出了最新款的手機，你就幻想著自己拿在手裡，身邊的同事和朋友都很羨慕，馬上覺得自己「高人一等」，走在潮流的前列；看到直播中介紹用某品牌的燒烤架烤出來的串串又嫩又好吃，還沒有油煙，你就幻想著和家人、朋友一起用它烤肉的樣子，嘴裡的口水瞬間分泌，越想越饞……

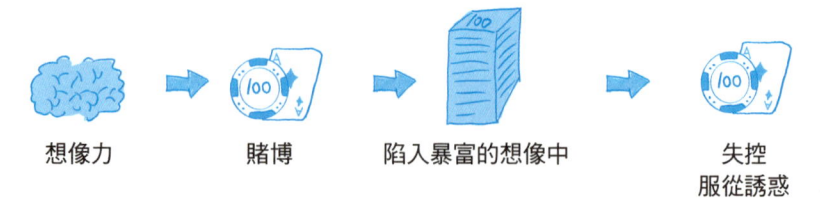

想像力 → 賭博 → 陷入暴富的想像中 → 失控服從誘惑

想像力是多巴胺的催化劑
將想像力投射在哪個方面，就會增加哪個方面的渴求感

等到你透支消費之後如願以償地得到了心心念念的口紅、手機和燒烤架，用了幾次之後發現並沒有期待中的效果，甚至有些失望、後悔。於是告誡自己下次一定不能再衝動「剁手」，可等到下次再看到某款商品時，你又會犯同樣的錯誤。

可見，當誘惑來臨時，人一旦陷入了想像和憧憬之中，就會變得不再理性。「衝動小人」就像是吃了興奮劑一樣，跳著告訴你：「現在就要得到它！」

丹尼爾・伯萊因是加拿大著名的認知心理學家，他根據多年的研究發現，事物對人們的刺激效果主要取決於我們在腦海中是如何呈現它的。同樣一件事情，我們既可以關注它具象的一面，也可以關注它抽象的一面。關注的方式不同，對大腦的刺激也不一樣。

比如，你面前擺放著一杯奶茶，從具象的角度觀察，奶茶有著濃郁的奶味和茶香，喝上一口，絲滑香甜，還能吃到軟軟糯糯的珍珠、筋道可口的椰果……怎麼樣，你的大腦是不是已經進入了想像模式，還忍不住嚥了下口水？下單買杯奶茶的心思是不是已經蠢蠢欲動了？

當然，我們還可以從抽象的角度去觀察。奶茶中的奶大多是奶精粉沖調的，含糖量高，脂肪含量高，經常喝奶茶容易導致肥胖，增加心腦血管疾病、糖尿病等患病風險。

再感受一下自己現在對奶茶的感覺，那種躍躍欲試的衝動

是不是已經少了很多呢？

　　這就是在面對誘惑時有效達到延遲滿足的第一個小技巧。透過觀察和思考，儘量去關注事物的抽象性、資訊性、負面性的那一面，這就相當於給「衝動小人」無情地澆上了一盆冷水，該事物的誘惑力就會大大減弱。千萬不要讓自己陷入「有了它之後」的想像和憧憬，那樣就相當於在大腦中扔了一顆能快速分泌大量多巴胺的炸彈，讓自己的意志力迅速失守。

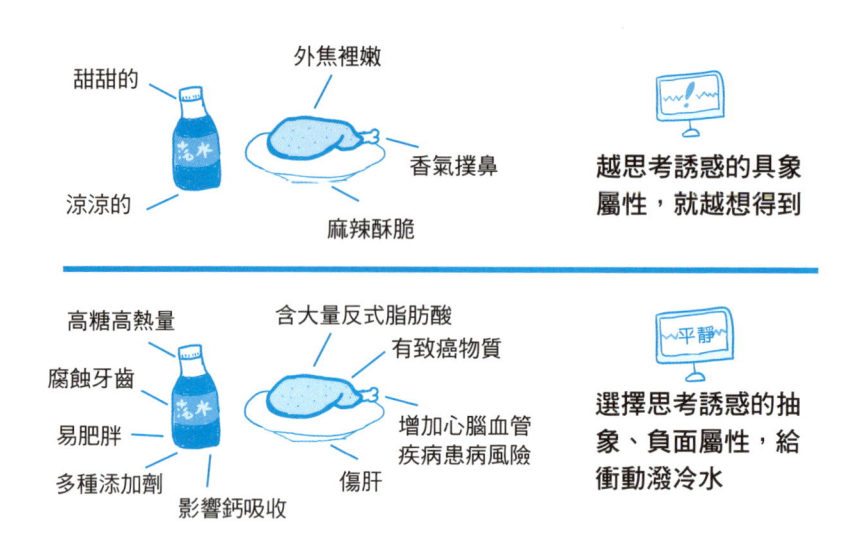

甜甜的／外焦裡嫩／香氣撲鼻／涼涼的／麻辣酥脆

越思考誘惑的具象屬性，就越想得到

高糖高熱量／含大量反式脂肪酸／有致癌物質／腐蝕牙齒／易肥胖／增加心腦血管疾病患病風險／多種添加劑／傷肝／影響鈣吸收

選擇思考誘惑的抽象、負面屬性，給衝動潑冷水

　　這兩年我父親的身體一直都不是很好，不到一年半的時間就做了三次手術，因為身體太虛弱，每隔一段時間就要去醫院調養。平時我下班之後就要去醫院陪床，這對我來說是生理和

心理上的雙重折磨。白天工作很忙，晚上還要照顧病人，睡也睡不好，只能窩在陪護床上湊合一晚，第二天繼續上班，身體很疲憊。看著病床上的父親日漸消瘦，作為女兒的我卻一點忙也幫不上，那種無力感和恐懼感讓我的精神更加痛苦。正常來說，我應該會變瘦，可沒想到我卻胖了整整三公斤，不知道內情的人還以為我是「幸福肥」。

平時心情不好，又過於焦慮，我能排解壓力的方式除了吃就是坐在病床前一有時間就玩手機。原本制定的下班後的寫作計畫遲遲未能開始，漸漸就養成了習慣，不陪床的閒暇時間我也會習慣性地玩手機，根本不想坐到書桌前寫稿。

我想，很多人都有同樣的感受吧。明明有時間讀書練習，卻根本沒有意志力和執行力。玩手機、吃油炸食品這種即刻就能獲得滿足的選項真的太有誘惑力了，一想到這些，腦海中就忍不住浮現出自己躺在椅子上，拿著手機刷短影音被逗得哈哈大笑的畫面，那種自在、舒適、愉悅、安逸的感覺瞬間將「理性小人」打得落花流水。此時，在想像力的驅動下，真的很難督促自己再去想未來更大的回報，果斷拒絕擺在眼前觸手可及的快樂。最後的結果就是我一邊在心裡責罵自己，一邊開心地玩著手機。

終於，在編輯不斷催稿之下，我痛定思痛，發誓要將這個壞毛病改掉。我的方法是：在面對手機時只想它抽象的、負面

的那一面——手機只是通信工具，它能夠上網，提供給我很多信息，但也會佔用、浪費我大量的時間，消磨我的意志力，在無聲無息中毀掉我的前途。我不再去想自己玩手機時的感覺和畫面，不去想手機刺激的那一面，不去用想像力感受「有了它之後」的感覺，這樣做的確會降低我使用手機的欲望。

與此同時，我還從前任發在朋友圈裡吃喝玩樂的照片中挑選出對我刺激最大的一張，將其設置成手機螢幕保護程式。這樣，我一打開手機就能看見他那張「大餅臉」，玩手機的心情瞬間就沒有了，直接「化悲憤為力量」，打開電腦開始寫稿。

既然當我們將大腦的注意力放到事物具象的、感性的那一面時，大腦會透過想像使用它的感覺和效果讓我們變得情緒化，增強它的誘惑性，那麼，我們同樣可以將其運用到有意義的事情上來啟動自己的執行力。

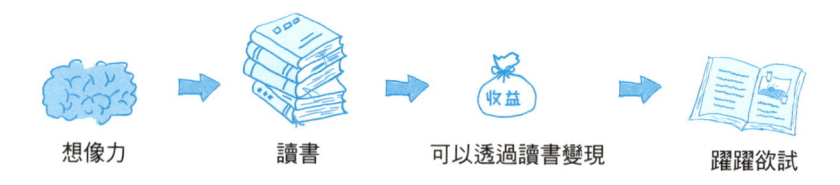

想像力 → 讀書 → 可以透過讀書變現 → 躍躍欲試

想像力是多巴胺的催化劑
將想像力投射到有意義的事情上，就會激活執行力！

當我不想坐下來孤獨地讀書寫作時，我就會儘量想像它誘惑性的那一面。比如我寫出來的文章會被製作成一本本精美的圖書，放到書架上，被喜歡它的人購買。還會有網友在我的作品下評論，鼓勵我、支持我。我的文字還能夠幫我賺錢，我可以用這筆收入旅遊、享用美食、買好看的衣服和包包等等，真是越想越開心。於是，我便摩拳擦掌準備開始寫稿。

　　想像力對行動的刺激作用是立竿見影的，就看你使用的方法是否正確。在誘惑面前，儘量不要將想像力投放到刺激的那一面，而要將其抽象化甚至負面化，這樣就能起到抑制即刻滿足的作用。在做自己應該做的事情時，則可以將想像力和期待的獎勵結合在一起，憧憬當自己這樣做之後未來能夠獲得哪些回報。這樣，在未來獎勵的誘惑下，你對它的渴望就會變得炙熱起來，就會想要馬上付諸行動。

第八節
發布「肯定句」指令，讓大腦忙於新任務

喬治・普賴爾是一名生活在美國洛杉磯的五十多歲的影音創作者，因為他平時喜歡健身，生活作息良好，所以身體狀態很好。某天，他突然有了一個十分瘋狂的想法：如果自己在30天內平均每天喝10罐碳酸飲料，身體會發生怎樣的變化呢？

一罐碳酸飲料是330毫升，平均每天喝掉10罐，這對平時不怎麼愛喝飲料的他來說還真是一個不小的挑戰！為了清楚觀察實驗效果，他每天都會測量體重、體脂率和血壓，並用照片的形式記錄資料。

在正式踏上這條「不歸路」之前，他的體重為76公斤，體脂率為9%，血壓為129/77，身體狀況很不錯。挑戰開始一

個月後，他的體重暴增到86.4公斤，體脂率也從原來的9%增長到了15%。不僅如此，他還將自己喝成了高血壓，血壓從原來的129/77變成了145/96。在開始這項挑戰之前，他擁有完美的身材和健碩的肌肉，一個月後，他多年的健身成果毀於一旦，換來了一身鬆鬆垮垮的肥肉。

這是一場不值得推薦的實驗，但足以看出，長期喝碳酸飲料會造成肥胖、增加罹患心腦血管疾病的風險等等。可即便如此，仍然有很多人喝碳酸飲料成癮，每天樂此不疲地開懷暢飲。渴了就喝碳酸飲料，一天不喝就渾身難受。難道他們不知道長期喝碳酸飲料對身體有害嗎？難道他們不想戒掉這個壞毛病嗎？可是，一想到從冰箱裡取出一瓶冰鎮碳酸飲料，喝上一大口，然後心滿意足地打一個嗝，之前的種種心理建設和誓言就通通煙消雲散了。

我在第四節中講到了延遲折扣效應，即當一項正面性的結果需要經過長期積累，在未來的某個時間節點才會逐漸體現出來時，我們在主觀上感受到的價值就會因時間的推移而大打折扣。同樣，當一項負面性的結果在未來才會顯現時，它所帶來的震懾性也會因時間的推移而被稀釋，甚至讓人心存僥倖。

學習　　　一個學期後　　　考高分,得獎狀

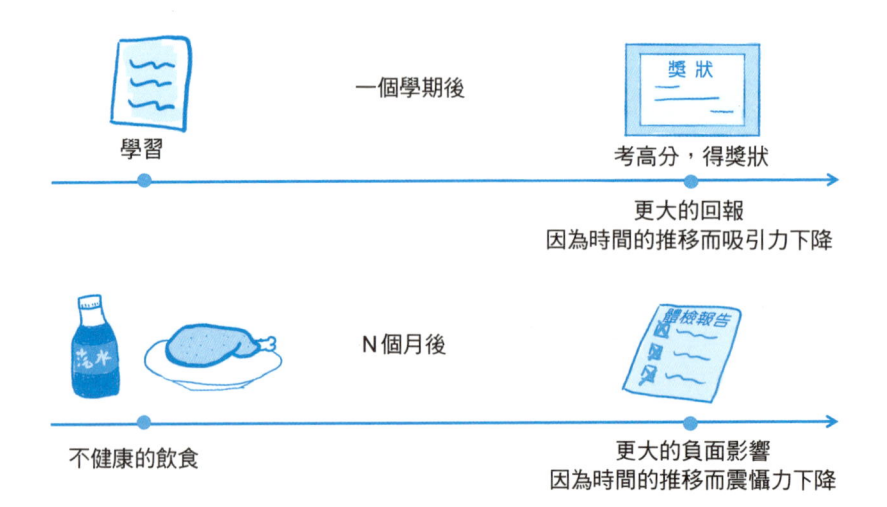

更大的回報
因為時間的推移而吸引力下降

不健康的飲食　　　N個月後

更大的負面影響
因為時間的推移而震懾力下降

於是,太多的人毅然決然地選擇了在當下過足癮。

生活中有各種各樣的「快感成癮」,當我們發現自己深陷其中時,如何才能逃離出來呢?

我們在抵抗誘惑的干擾時往往會不自覺地將注意力放到「不要做」某事上。比如,我絕不能喝這罐可樂,我不能再玩手機遊戲了,我不能再看小說了⋯⋯我們試圖透過不斷告誡自己不要做什麼來讓自己恢復理性,從而讓自己去做應該做的事情。可實際上它的效果非常有限,有時甚至會適得其反。

想必大家都有過這樣的經歷,越不想讓自己想起什麼,越不想讓自己做什麼,這件事情就越是在腦海中揮之不去。這是為什麼呢?因為大腦並不擅長過濾否定詞。你可以做個小

測試，不斷地告訴自己在接下來的十分鐘內千萬不要想「紅色」，然後你就會發現，越提醒自己，你的大腦就越會不受控制地閃現出紅色。當你向大腦下達這個指令時，它會自動屏蔽掉「千萬不要」，於是你的注意力就都集中在了「紅色」上。

這樣一來，「我絕不能喝這罐可樂」就變成了「喝這罐可樂」，「我不能再玩手機遊戲了」就變成了「玩手機遊戲」，「我不能再看小說了」就變成了「看小說」。

當注意力投射到某件事物時，大腦就會自然而然地引發聯想，不由自主地關注該事物具象的、刺激的一面，開始想像有了它之後的感覺。我之前說過，如果在面對誘惑時有意或無意地發揮自己的想像力，那簡直是自投羅網。

法國著名心理學家愛彌兒‧柯爾發現了一個重要的心理學定律，即反轉定律。它是指當你的想像和願望發生衝突時，你的想像總能佔據主導地位。

當你不斷告誡自己不要再玩手機遊戲，趕緊去看書時，你的大腦注意力反而會集中在「玩手機遊戲」上，然後很自然地對「玩手機遊戲」這個行為開始了想像。雖然你的願望是去看書，但想像力卻和願望本身不一致，此時再一個勁地使用意志力來敦促自己，只會快速消耗掉「理性小人」的力氣，讓自己倍感無力與挫敗。

想像　一致　願望　➡　順利執行

想像　衝突　願望　➡　聽從想像力

　　幾年前，我也是一名重度可樂愛好者。因為之前長期喝可樂，再加上口腔清潔工作沒有做到位，導致我有兩顆蛀牙。在修補牙齒時，我疼得齜牙咧嘴，眼淚嘩嘩地往下流，付款時一看價格，更是鑽心的疼。

　　那我又是如何成功地戒掉可樂的呢？其中有一個很有效的技巧，就是不去重複「不要做什麼」，而是直截了當地向大腦發布自己「要做什麼」的命令。這件事情最好是自己感興趣的、有趣的、能夠引發想像力的。

　　我平時特別喜歡玩樂高、拼圖等拼裝玩具，還喜歡在手機上看相關的視頻。於是，我規定只要大腦浮現出喝可樂的念頭，就馬上引導自己拿出手機看拼裝樂高的視頻。至於該不該喝、什麼時候喝、喝多少，這些通通不去想。

原先抵抗可樂誘惑時，我都是一直告訴自己「現在不能喝可樂，喝可樂對牙齒不好」，即使提醒自己許多次，只要一想到喝可樂時的愉悅感覺，意志力還是會馬上投降。現在，我已不再妄想動用意志力讓「理性小人」將想喝可樂的「衝動小人」打敗了，而是直接轉移注意力，將其放到我的另一個興趣愛好上──拼樂高和看相關的視頻。看了五六分鐘後，我也就將喝可樂這件事置之腦後了。透過這種「分心引導」的方法，我可以輕而易舉地將某種即刻滿足的欲望消解掉。

在面對誘惑時不要總期盼著使用意志力戰勝「衝動小人」，那是白白浪費力氣的做法。你完全可以從「到底現在喝不喝可樂」這場無休止的糾結中跳出來，給大腦雙手奉上第三種選項，這樣就可以輕鬆轉移「衝動小人」的注意力。我經常重複使用這個方法，一有喝可樂的念頭我就會這樣做，現在的我只會偶爾喝一點可樂，這是過去的我根本無法想像的事情。

選項A
服從衝動去喝汽水

選項B
打敗衝動去喝白開水

選項C
一邊玩喜歡的拼圖，
一邊喝白開水

想得越多，越容易失控！
直接思考選項C。

在棉花糖實驗中，沃爾特・蜜雪兒發現「分心引導」是很多成功戰勝即刻滿足欲望的小朋友都會使用的一招。例如，有的小朋友會一邊晃頭一邊哼歌；有的小朋友會直接趴在桌子上閉目養神；有的小朋友會自創一些小遊戲，玩得不亦樂乎……

　　這些做法從表面上看千奇百怪，實際上都是在想方設法地將自己的注意力從桌上的零食轉移到自己感興趣的其他地方。他們不會讓自己單純地陷入等待，因為那樣做的話，即便表面上看起來不動聲色，但內心一定在「天人交戰」，越抵抗誘惑就越會關注誘惑，越會引發想像，從而最終讓「理性小人」舉手投降。

　　實驗人員將這招教給了其中的一些孩子，並建議他們在等待時主動去想像一些有趣的事情，比如「媽媽推著我盪鞦韆，上去下來，上去下來……」透過資料對比，實驗人員發現，當獨處於「驚喜屋」等待實驗人員歸來的小朋友主動發揮自己的想像力，思考一些有趣的畫面來轉移自己的注意力時，他們的等待時間平均多出10分鐘以上，即便擺在眼前的是自己伸手就能拿到的最愛的零食。

　　如果生活中的你正在被某種短期快感成癮折磨，或是一遇到誘惑就無法自控的話，可以多多使用這一招。它使用起來非常簡單，第一個原則是不要和誘惑本身正面對抗。你越是下定決心不做什麼，越容易讓這件事情佔據你的思想。在「理性小

人」和當下誘惑的戰役中，重點永遠不是「該不該做」「何時去做」，而是儘快中斷對當下誘惑的關注。第二個原則是明確告訴自己現在要做什麼，主動讓自己分心。你只需要將自己的注意力引導到其他地方，可以是自己平時的興趣愛好，也可以是純粹「逗趣」的天馬行空的想像。當你這樣做時，會發現原本強大到根本無法戰勝的誘惑像是被抽走了空氣的氣球，瞬間萎縮。

第九節
珍惜你的注意力,把它用在最值得的地方

劉擎教授在《十三邀》的採訪中說過這樣一段話:「我發現我的學生,現在他們的閱讀能力下降了。我有段時間做系主任,當時有一個很強的理想,就是說大學(生)不管怎麼樣,你要讀一定數量的經典讀本,我當時有(要求讀)24本書,三週讀一本,(這)應該不是一件特別困難的事情,但是他們其實是有障礙、有困難的。因為太多的時間花在閱讀微信和其他社交媒體上面,不同的資訊、資訊、笑話、短影音,會被這個帶著走,然後每個時刻都是喜悅的,這樣就導致一種成年人的或者青年的童稚化,兒童的童,幼稚的稚。童稚化的標誌就是(無論)幹什麼我們不太能夠延遲滿足,他(們)沉溺於大量的、豐富的、好玩的、有意思的資訊,當然這方面讓他們變

得比我們見多識廣，但是我們的每一次成長，其實都需要一種深沉而緩慢的閱讀，需要長時間、深入的思考，而不是追求短、快、淺的刺激。你作為一個（手機的）重度使用者，你可能讀了很多很多東西，最後你發現你茫然若失，你不知道自己獲得了什麼，（思想）變得貧乏了。」

身處於海量資訊時代的我們是幸運的。我們獲取資訊的方式多種多樣，只依靠一支手機便可以足不出戶而知天下事，各種新奇好玩的資訊吸引著我們的眼球，撩撥著我們的好奇心。但如若缺乏一定的自控力，閱讀時沒有目的性，讀的過程中沒有思考和實踐，那就完全是被資訊牽著鼻子走。這會營造出一種虛假的充實感，讓人產生一種每天都很忙碌，學到了很多東西的錯覺。但實際上，我們閱讀的內容絕大多是速食式的資訊或娛樂資訊。值得注意的是，習慣被各種有趣資訊「餵養」的我們不僅會排斥思考，而且還會變得越來越沒有耐心，很容易在不知不覺中讓自己的眼界變得越來越狹隘，最終將自己桎梏在如蠶繭一般的「資訊繭房」之中。

看似自由徜徉在資訊海洋中的我們，其實都在被演算法控制著。各類手機應用軟體所推崇的智慧化資訊推薦機制，看似投其所好，滿足了人們個性化、多元化的需求，讓我們能看到自己想看的、感興趣的內容，但實際上這種推薦機制也讓我們失去了很多。

當你在手機上搜索了某個關鍵字,查閱了相關資料,然後打開網購軟體,便會發現它已經「貼心」地幫你推送了相關產品的資訊;看了帶有某個關鍵字的文章或短影音,隨手按了個讚,寫了條評論,再刷新頁面時平台就會馬上推送更多相似的內容。冷冰冰的網路成了最「懂」你的人。它知道你平時喜歡看什麼、愛買什麼、會搜索什麼、購買力如何,然後基於這些資訊對你進行針對性的推薦和回饋。這種偏好性的推薦同時也是一種過濾,它讓你一直沉浸在自己想看的、喜歡的、認同的資訊世界中,錯過了那些你不知道、不感興趣、不認同的資訊。時間一長,就會導致你接受資訊的維度越來越窄,在不斷的重複和證實偏差中將自己封閉在一個固有的認知環境裡,就像一隻坐井觀天的青蛙,以為抬頭看到的就是整片天空。

哈佛大學法學院教授凱斯・桑斯坦提出了回聲室效應,它是指在一個相對封閉的環境裡,當一些意見相近的聲音被不斷重複時,容易令處於該環境中的大多數人認為這些資訊就是事實的全部。

表面上,我們的眼界會因為網路的高速發展而變得開闊和包容,但事實上,我們很有可能已經置身於一個相對封閉的、同質化的、狹隘化的「回聲室」中而不自知。

你一定有過這樣的經歷吧!剛在書桌前坐下,打開課本準備解題或是看書,不到五分鐘就聽到了手機的提示音響起,於

是順手拿起手機看了看，發現是某平台推送的一條新聞，新聞的標題讓你很好奇，於是你點擊進去看了一下，看完刷新後又出現了更多有趣的內容。好不容易讓自己退出的時候又看到了LINE消息提醒，於是又下意識地點了進去，開始刷朋友圈。十幾分鐘後突然想到自己的洗面乳快用完了，於是又上網購買……一通操作過後瞥見了眼前的書，於是趕緊放下手機，可還沒翻幾頁就已經打起了呵欠。實際上，坐在書桌前的幾個小時中，大多數時間自己的注意力都浪費在了手機上，根本沒進入學習狀態，更別談學習效率和收穫了。

在學習或工作時如果被打斷，想要重新進入狀態是需要恢復時間的。就像正在運行的電腦突然被關閉，要想讓它重新運行則需要再次開機，等待十幾秒。而人的「重新啟動時間」遠沒有電腦那麼高效，如果人們進入工作狀態後被干擾打斷，要想重新恢復到之前的狀態平均需要25分鐘。因此，不要小看在你看書學習時滴滴作響的手機、擺在桌子上的手辦和雜誌、電腦裡時不時彈出的對話方塊……看似處理它們只需要花費幾分鐘，但每次打斷都是對自身思考狀態的干擾，你需要花費更多的時間來讓自己重新變得專注。瀏覽干擾你的新聞花費了一分鐘，接著下意識閱讀了更多相關內容，花費了半小時。放下手機才發現自己腦海裡全是剛才看過的內容，只能重新尋找之前看書時的思考痕跡，這樣又用了20分鐘。因為閱讀一條推

送新聞，前前後後浪費了近一個小時。當下一次手機提示音再次響起，你又會忍不住繼續重複上述操作，這是對時間、注意力、意志力的一種極大浪費。

有時間不代表有注意力。想想每天晚上捧著書打瞌睡的你，本來時間很充裕，但你就是看不進去，感覺大腦已經停轉。明明書上的每個字你都認識，但放到一起之後就是看不懂作者到底想要表達什麼。每個人每天的注意力走向和意志力變化是相似的，大多數人都是早晨最好，工作、學習一天後晚上最差。雖然休息一段時間後注意力會有所恢復，但總體來說，一天當中隨著時間的推移，注意力的品質會越來越差。

英國高效培訓師格雷厄姆・阿爾科特在《高效忍者》一書中將注意力分為三種類型：主動型注意力、積極型注意力、不積極型注意力。

主動型注意力能讓我們全神貫注地思考，達到最佳的工作、學習狀態。建議在此期間去完成那些重要的、疑難的任務，如做出重大決定、攻克重要項目、提升技能、進行深度思考、完成創造性工作等等。

積極型注意力的價值則低於主動型注意力。在此期間雖然也能夠投入工作與學習中，但是勁頭容易消退，狀態一般。

不積極型注意力的品質最差。常常體現為感覺自己無法集

所謂高效
就是做和注意力質量相匹配的事情

最難、最重要的工作和學習	一般性的工作和學習	娛樂、休息、處理日常瑣碎
—— 主動型注意力 ——	—— 積極型注意力 ——	—— 不積極型注意力 ——
睡覺	看新聞，刷視頻	工作學習

倘若做和注意力質量不匹配的事情
註定是低效率的

中注意力，大腦好像生鏽了一般，看似在看書，實則在神遊。

我們每天的注意力都是有限的，尤其是主動型注意力和積極型注意力。要想高效學習，就必須將優質注意力用在刀刃上，去完成重要的工作、學習任務，而不是每天渾渾噩噩地將優質注意力浪費在瀏覽速食式資訊上，然後強迫自己在不積極型注意力狀態下挑燈夜戰。

一、瞭解自己每天的注意力「額度」，並根據注意力分佈情況分配任務

剛才我講解了注意力的大致走向，但瞭解大體的趨勢還遠

遠不夠。因為注意力分佈存在個體差異，我們需要瞭解自己每天的注意力「額度」大致有多少，以及不同類型的注意力大致處於哪些時間段。我的經驗是：在觀察記錄期間不用刻意努力，因為我們需要記錄的是注意力「額度」的下限，而不是偶爾一次的最佳狀態。

具體的觀察記錄方法如下：

(1)拿出一張紙或是一個小記事本，記錄自己每天各個階段注意力狀態的資料。從早晨醒來開始記錄，到晚上睡覺前結束。

(2)可以先記錄自己每天的排程。大多數人每天的作息都是有規律的，只有先弄清楚自己每天的作息規律，才能從中找到可以利用的閒置時間或是存在的問題。

(3)每完成一項活動都要記錄起止時間、完成狀態和效果，並以此判斷該時間段內自己的注意力屬於哪個類型。

(4)觀察時間為一週，這樣可以從中看出你在工作日和休息日的作息規律，還能根據時間段和工作效率大致分辨出你的注意力類型及變化情況。

舉個例子：工作日我一般7點30分起床，9點到公司，11點30分到14點為午飯和休息時間，18點下班，晚上的時間自由安排，22點30分睡覺。

積極型注意力

7:30 起床 — 9:00 上班 — 11:30 吃飯 — 注意力很差 — 14:00 上班 — 注意力很差 — 18:00 下班 — 19:00 晚飯 — 注意力很差 — 22:30 睡覺

主動型注意力

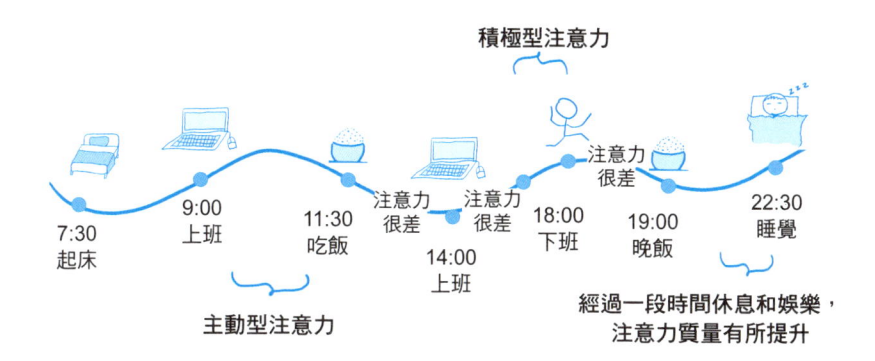

經過一段時間休息和娛樂，注意力質量有所提升

　　透過觀察，我發現自己在9點到11點期間的注意力狀態是最好的，為主動型注意力；16點到18點為積極型注意力；午飯後到16點、晚飯後到睡覺前為不積極型注意力，但在吃完晚飯休息、娛樂一段時間後，我的注意力的品質可以得到一些恢復。

　　摸清楚各類型注意力的出現時間和時長後，我們就可以以此安排自己每天要完成的工作了。在狀態最好的時間段去完成最難的、最重要的、需要進行深度思考的任務；狀態一般時則可以去完成一般性的工作，比如搜集資料、看課外書等；狀態最差時則可以去完成那些簡單易行的任務，比如列印檔案、收發郵件、收拾整理，以及運動、娛樂等。

　　很多人之所以很抗拒自律，是因為他們覺得要想自律就需要拒絕一切娛樂和放鬆。這是對自律最大的誤解。養成自律和延遲滿足其實是在鍛鍊自己主動自控、主動養成習慣、主動有

節制地滿足欲望的能力，娛樂和休息是很正常的生理需求，我們可以儘量將休閒娛樂安排在不積極型注意力的狀態下，而將優質注意力分配給工作和學習，這才是真正的勞逸結合。

二、學會保護自己的優質注意力，儘量減少外部干擾

我發現很多人為了改掉壞習慣所使用的方法其實並不適合自己，因為這些方法大都是脫離實踐的臆想的產物。坐在那裡假想著自己的問題是什麼，障礙是什麼，應該如何解決，這樣設計出來的方法自然很容易和實踐脫節。

那麼，正確的方法應該是怎樣的呢？如果你想要瞭解自己在主動型注意力和積極型注意力期間工作時還有哪些難以注意到的分散自己注意力的地方，那麼你最好在工作時多留個心眼觀察自己。你會發現有可能是時不時彈出的LINE、臉書訊息讓你不自覺地打開、回覆；有可能是你在搜索資料時瀏覽器推送的各種熱點或是有趣的彈窗；有可能是擺在桌子上的手機總是震動，提醒你關注的YouTuber又更新了；也有可能是你不經意間瞥到手機軟體上出現的小紅點，感覺不點擊更新心裡面就會不舒服；當然還有可能是雜亂的桌面，或是好不容易進入工作狀態又發現廢紙簍滿了、桌子上的花該澆水了……

觀察到問題後，請拿出一張便箋將問題快速記錄下來，然後繼續工作。完成任務後再去回顧剛才記錄的問題，然後對症

| 電腦 | 便箋 | 鋼筆 |

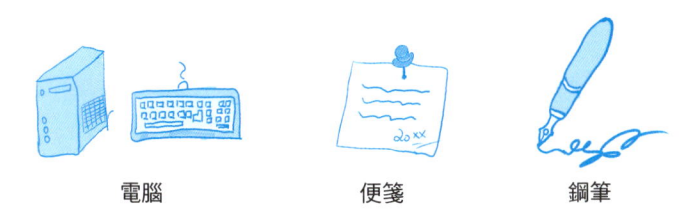

我在寫作時,桌面上只有這三樣東西!

下藥。

LINE、臉書等的消息提醒可以在工作或學習前切換成靜音模式,完成工作後統一處理。也可以打開手機的設置功能,找到通知選項,在這裡直接管理已安裝應用的通知許可權。我會將所有軟體的通知全部關掉,沒有它們的提醒和「召喚」,頓時感覺整個世界都安靜了,自己不自覺玩手機的時間一下子減少了許多。

我在學習時總會控制不住地想刷IG朋友圈,於是每天開始任務前我都會提前打開IG,將提醒等功能關閉。想想有哪些社交軟體是搶奪你注意力的「小偷」,然後狠下心來將通知功能關閉吧!

三、利用「小課時法則」提高執行效率

要想讓學習和執行變得高效,前提條件是要讓自己的注意力變得集中且穩定。想要達到這個目標,需要做到以下兩點:

一是要向大腦發出明確、具體的指令。任務設定得越具體就越容易進入全神貫注的高效思考模式。但計畫不能過於繁雜，最好是一個時間段只專注完成一件事。二是要學會主動給大腦「放假」。教育心理學研究表明，一個人的注意力持續集中時間約為20~30分鐘，超過這個時間後大腦就會感到疲勞，導致思考效率下降。

我推薦大家使用「小課時法則」來提高自己的專注力和執行效率。什麼是「小課時法則」呢？我們上學時一節課通常是45分鐘，而小課時一般是20~30分鐘。我們可以將自己的時間按照小課時進行劃分，每個小課時完成一項具體的任務。在規劃任務時可以將其梳理成一個個明確的步驟並寫在便箋上。規定自己每完成一個小課時的工作後可以休息10分鐘，放鬆一下。需要注意的是，休息的方式最好選擇閉目養神、站在窗前遠眺、起身活動活動脖子和腰背等，而不是玩手機。遊戲、短影音、娛樂八卦等強刺激性的內容很容易將沉浸在思考中的大腦拉回到紛繁複雜的現實中，這樣在進行下一個小課時工作時，大腦就需要更長的重啟時間才能找回之前的狀態，實在是得不償失。

可能有人會說：「這不就是番茄工作法嗎？一個番茄時間代表25分鐘，完成一個番茄時間後休息5分鐘，完成4個番茄時間則休息15分鐘。」

小課時法則

- 這堂小課的具體目標是什麼
- 一節小課20~30分鐘，結束後休息5~10分鐘
- 休息中途不要玩手機

「小課時法則」在時間劃分上和番茄工作法差不多，但它有一個極其重要的原則，即在每個小課時開始之前需要先在紙上寫下當前要完成的具體任務。如果遇到複合型任務，還必須寫下具體的執行步驟，就像老師在上課前需要明確教學任務一樣。

舉個例子：你想寫一篇文章，並規定自己每寫20~30分鐘就休息5~10分鐘，但這並不能讓你的寫作變得高效起來。因為寫作是一項複合型任務，若只向大腦發出「寫一篇文章」的指令，大腦依舊會處於不知所措的狀態。

這篇文章的選題、主旨是什麼？這篇文章寫給誰看？我為什麼要寫這篇文章？這篇文章需要哪些方面的素材？這篇文章的提綱是什麼？這篇文章的開頭、正文、結尾分別是什麼？這

些都是寫作時需要解決的問題。

「小課時法則」就是要明確在接下來的20~30分鐘裡你的執行重點到底是什麼，並且最好是細化到具體的執行步驟。比如，你在第一個小課時中要集中完成以下幾件事情：確定這篇文章是寫給誰看的，我為什麼要寫這篇文章，這篇文章的選題、主旨以及文章的結構是什麼。

這樣明確具體的指令就像是一幅清晰的藏寶圖，能讓大腦快速找到方向，節省很多因不知所措而迷茫混沌的時間。

四、有目的性的準備和預習可以有效提高注意力的穩定性

注意力的穩定性是指對投射到選擇對象的注意力能夠穩定地保持多長時間的特性。注意力維持的時間越長則越穩定。要

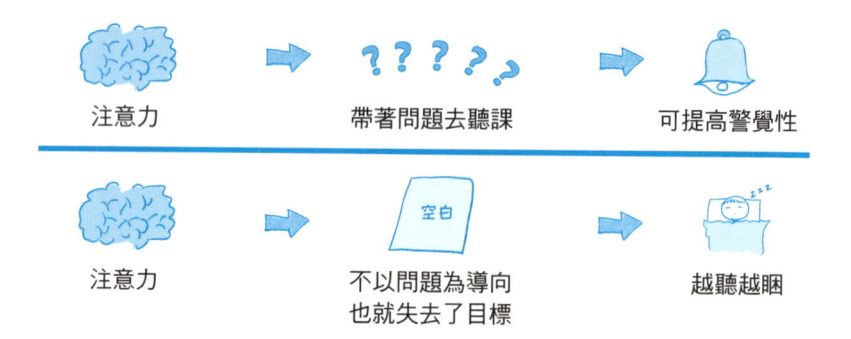

注意力	➡	帶著問題去聽課	➡	可提高警覺性
注意力	➡	不以問題為導向也就失去了目標	➡	越聽越睏

想提高注意力的穩定性，就必須提前進行有目的的準備。

就拿課前預習來說，很多人上了這麼多年學，卻對為什麼要預習仍是一知半解，只知道老師和教育專家都說預習很重要。人的注意力很難長時間穩定在一件事情上。一堂課45分鐘，你是無法專心致志從頭聽到尾的，即便你內心十分渴望自己能夠做到。

這是客觀事實。那該如何解決這個問題呢？答案就是提前進行有目的的準備，去預習。先搞清楚自己哪裡不會，哪些部分是重點和難點。心裡揣著聽課的小目標，帶著問題去聽，就好比在大腦中植入了若干個「小警鈴」，一聽到老師講到相關內容，「小警鈴」就會敲響，然後用較為優質的注意力去吸收。漫無目的地聽課很容易從一開始的全神貫注變成打瞌睡或讀秒下課。有了明確的目標，大腦就有了警覺性，自然知道該如何調配注意力，將優質注意力用到最該使用的地方。

第十節

當放棄成為一種習慣

　　戀愛中的女人對這兩句話肯定非常熟悉：「男人的嘴，騙人的鬼。」「寧願相信世上有鬼，也不相信男人那張破嘴。」

　　對尚不清晰的未來誇下海口，許諾自己會如何力挽狂瀾，這件事光聽起來就知道有多不可靠。所謂的「言語承諾」，其戰略意義遠勝於真實性，更多時候男生說這些話都是為了討女孩子歡心，以顯示自己有多麼可靠，對這段感情有多麼投入。即便再不愛聽甜言蜜語的女孩，在聽到美好的諾言後也會忍不住為之感動。你看，戰略目標已經達到了。

　　當然，以上稍顯戲謔的舉例都是為了引出下面的觀點——在我看來，人們在面對誘惑時發誓「明天一定要『洗心革面、重新做人』」的信誓旦旦，和男人說的情話是一樣的，都是為

了哄自己開心，瓦解抵抗意志的。管它真實不真實，你願意相信，聽了之後感到開心就好。它們就是糖衣炮彈，存在的意義只有三個字——逗你玩。

大學剛畢業那時我自認為喜歡上了攝影，還專門買了好幾本攝影方面的書，打算每天下班後拿出一些時間來學習。但實際上，「斥鉅資」買的攝影教材一到手就被我打入了「冷宮」，一年到頭都難得翻幾次，甚至好幾本連塑膠封膜都沒有拆。我也很想學會攝影，一想到自己拿著單反「喀嚓喀嚓」按動快門記錄精采的生活瞬間，我就更加躍躍欲試了。那段時間我幾乎每天早上都會嚴令自己晚上一定要看半小時書，可等到下班回家之後我又感覺身心俱疲，只想追劇、玩遊戲，於是我又暗自發誓明天一定會振作起來，認真看攝影教材，並把這幾天耽誤的功課通通都補上。即便每次立下的口號都會在次日被無情推翻，即便內心也知道這樣的推拖並不具有說服力，但我依舊能討得自己的歡心，讓自己心安理得地忘掉應該做的事情，一頭栽進娛樂當中。

由此可以看出，以拖延和放棄為目的的承諾一點也不可信。

透過觀察我發現，人們之所以在誘惑面前「兵敗如山倒」，是因為只允許自己在「徹底完成任務」和「明天再做」這兩個選項中做選擇，要麼就好好完成，要麼就今天先放縱，

明天再努力，根本不允許自己只完成一部分。正是在這種「有瑕疵的努力還不如不努力」的錯誤觀念下，人們理直氣壯地選擇在當下擺爛，然後又很天真地期待明天的完美轉變。然而最終結果是，在不知不覺中，我們一遇到誘惑，一有懶惰的想法，就會習慣性放棄，根本懶得掙扎。

我們不是不能選擇放棄和拖延，懶惰是一種正常的生理反應，但凡事得有分寸。當懶惰成癮，放棄成為習慣時，由此帶來的負面影響是遠超過我們想像的。我的經驗是，當你有了放棄、偷懶的念頭時，一定不要急著決定是「振作起來將任務全部完成」還是「今天放縱，明天努力」，結果並不重要。在強迫自己做出選擇時，思考和糾結本身就已經將原本不多的意志力給消耗完了，此時出現懶惰的想法也很正常。你可以回應自己的需求，但絕不能立刻滿足它。

選項A：
完美地完成全部任務！

選項B：
今日放棄，明日再做！

你是否只給自己提供了上述兩個選項？

比如，吃完飯的你該聽網課了，但「懶惰小人」一個勁地抗議，嚷嚷著要玩手機。此時你不用刻意打壓「懶惰小人」，更不用強迫自己用意志力將懶惰的念頭消滅乾淨，你可以肯定「娛樂和休息」的念頭，但要和體內的「懶惰小人」商量，先認真聽課20分鐘，聽完之後再休息。這就好比談判，雙方各退一步，皆大歡喜。當你這樣做時，你會發現自己的抵觸情緒已經明顯減弱了很多。聽課20分鐘後，你可以繼續用這招和「懶惰小人」商量再聽10分鐘，完成這個任務後你可以獎勵自己打一局遊戲！最終，你能否將原本計畫好的任務完成其實並不重要，重要的是不要一有放棄的想法就立刻舉手投降。

也許你會覺得這樣做也太軟弱了吧，不能打壓「懶惰小人」，還要和它商量，甚至還不能保證任務全部完成。和「懶惰小人」簽訂這種「喪權辱國」的條約也太沒有骨氣了，這根本不是自律。真正自律的人都會很自覺地完成任務，他們是不會有放棄的想法的！

看到了嗎？這依然是虛幻完美主義下的錯誤認知。太多人就是因為追求所謂的「完美」和「精神潔癖」而被「懶惰小人」一步步「奴役」的。我在網路上分享關於自我提升方面的心得時收到過很多深受拖延症和懶惰折磨的小夥伴的私訊，其中大部分人都有一個共同特點，就是無法接受自己有鬆懈的念

頭。只要一有偷懶的想法，他們馬上就會覺得自己不中用，決心不夠堅定，並且打心眼裡厭惡自己，總想用嚴苛的方式打壓「懶惰小人」，將「勤奮小人」罵醒。可越是這樣做，他們反而越想逃避現實，越想放縱沉淪。

自律的人並不是超脫到「無欲無求」，也不是在面對誘惑時絲毫不會起心動念，他們也會犯懶、拖延，有這樣的想法實在是太正常了。只不過他們不會被「懶惰小人」牽著鼻子走，而是懂得理解和引導自己的想法和需求，鼓勵自己再多堅持一小會兒。

最終的結果並不重要
重要的是不要一遇到誘惑就舉手投降！

一位馬拉松運動員曾公開分享自己奪冠的秘訣。他會在賽前乘車觀察一遍跑步線路，將沿途顯眼的標誌記錄下來，比

如，第一個標誌性地點是一家銀行，第二個標誌性地點是一座紅色的房子⋯⋯這樣，他就將原本漫長的40多公里賽程分解成了一個個短途小目標。等到比賽時，他會回想之前記錄的標誌，然後告訴自己當前的第一個小目標就是全力跑到銀行，完成之後再鼓勵自己跑向那座紅色的房子，然後以此類推。

當意志力不足時，一味地強調完成全部任務反而是在給「勤奮小人」施加壓力，讓它扛著一個個沙袋去和「懶惰小人」打仗，結果還沒開戰就已經累趴下了。因此我們可以將整個任務拆解成一個個小目標，將注意力集中在當下的20分鐘，告訴自己可以休息、放鬆，但要先認真完成第一個小目標，完成之後再休息。透過這種以退為進的方式鼓勵自己多走一步。

我之所以讓大家不要急著做決定，是因為做決定本身也會大量消耗意志力。你把意志力都浪費在選擇「堅持」還是「放棄」的想法上了，自然就沒有精力再去督促自己執行。堅持本身並不難，只不過很多時候我們習慣了放棄，一旦被誘惑就選擇放棄，然後推拖到明天再努力，久而久之就形成了習慣。

因此，在「懶惰小人」開始佔上風時，我們可以答應自己想要休息的想法，但要延遲滿足，先認真完成第一個小目標，完成之後休息一會兒再去完成第二個小目標。我們不一定非得把所有任務都完成，但最起碼要延遲放棄的念頭。

第十一節
使用甘特圖，讓你的計畫不再是空話

我平時很喜歡買各種好看的筆記本，基本上都用來寫計畫書，但是每次翻開都會有一種「心碎」的感覺，畢竟本子中百分之九十九的計畫書都淪為了廢紙。之所以計畫變成了空話，夢想變成了空想，有兩個很重要的原因：一是我高估了自身的執行力和意志力，低估了紛雜多變的外部環境可能對自己造成的干擾，從而制定出一份緊鑼密鼓，看似很充實，實則能力卻跟不上的計畫書；二是在制定計畫時缺少時間優化，出現了浪費優質注意力的情況，導致執行效率低。是否存在一種一學就會的方法可以巧妙地解決以上兩個問題，提高我們計畫的執行效率呢？

當然有，它就是甘特圖！甘特圖是由亨利・勞倫斯・甘特提出的生產計畫記錄方法。它透過一個個條狀圖顯示生產活

動、規劃時間段和當前進度等重要資訊。這個簡單的、一目了然的圖表可以讓制定者清晰地知道在某個時間段要完成哪些任務，以及目前的進度，從而提高計畫的執行效率。它不僅可以用於企業的專案管理，也是個人時間管理的利器。但我並不推薦大家一開始就用甘特圖制定長期計畫，畢竟月計畫、年計畫這種戰線過長的「承諾書」會給人營造出一種「時間還很充裕」的假象，也很容易觸發我們體內的「三分鐘熱度基因」。與其制定一個落地性極差的長期計畫，不如先確定好大致的方向，然後用甘特圖提高每一天的執行效率。

那麼，具體該如何使用甘特圖呢？

第一步：在便箋上寫下自己每天都要做哪些事

每天的時間一般劃分為以下幾類：

休息時間	生理時間	日常瑣碎時間
工作時間	自我投資時間	社交娛樂時間

你的時間都去哪裡了？

休息時間：比如午休、睡覺等；生理時間：吃喝拉撒、洗漱等；日常瑣碎時間：用於處理日常生活中的瑣碎事情；工作時間：上班、學習；自我投資時間：下班後用於額外的自我提升；娛樂時間：社交、玩樂。

我們可以根據以上的時間分類確定好自己在一天中的哪些時間段內必須要做好哪些事情，然後將其記錄在紙上或是手機的記事本中。比如，明天是週日，我規定自己明天必須完成以下幾件事情：午休1小時，晚上11點30分之前上床睡覺；除了早、晚正常的洗漱，晚上睡覺前要洗澡、敷面膜；好好吃一日三餐；洗衣服；寫一篇深度思考方面的文章；看一個TED演講視頻；和朋友看電影，然後一起吃晚飯。

第二步：畫出時間軸，並預估每項任務所需的時間

用試算表畫出一天24小時的時間軸，然後預估先前計畫的各個項目所需的時間，並將其填入相應的表格。

人們在制定計畫時對每件事情所需時間的預估是很容易失真的。一方面是因為人們會高估自身的執行力、意志力以及做事的決心，另一方面又會對外部執行環境保持過於樂觀的態度，天真地認為只要自己從明天開始努力，整個世界都會給自己助力，不會再有意外事件來打擾。於是人們在制定計畫時就會變成「樂天派」，本能地低估執行每項任務所需的時間。殊

不知，看似不起眼的失誤卻是拖累甚至毀掉整個計畫的罪魁禍首。鬥志昂揚地制定了一份滿滿當當的計畫，可在次日執行時才發現預留的時間根本不夠，原先計畫30分鐘背完單字，實際上卻花了整整兩個小時，導致後面的任務都得順延，出師不利就已經夠打擊士氣的了，更糟糕的是老闆又在工作群發了一條今天加班的消息……

美國著名認知科學家侯世達在《哥德爾、艾舍爾、巴赫》一書中提出了侯世達定律：「實際做事花費的時間總是比預期的要長，即使預期中考慮了侯世達定律。」

因此，在預估時間時千萬不要為了做更多的事情而縮短每個任務的時間，更不要將計畫制定得一環緊扣一環，否則計畫的低容錯率會大大限制它的靈活性和可執行性。

第三步：根據重要性和緊急程度來優化任務在表格中的位置

雖然在一天內必須完成的事情有很多，但它們的重要性和緊急程度是各不相同的。與朋友看電影、吃飯和寫一篇關於深度思考的文章在重要性上肯定無法相提並論，因此我們需要對完成任務的時間順序進行優化，先將緊急且重要的任務找出來，放到時間軸靠前的位置優先完成。接著再找出重要但不緊急的事情，在注意力狀態最佳的時間段去做。需要注意的是，一定要將狀態良好的注意力用於完成需要思考的工作。比如，

	A	B	C	D	E	F	G	H	I	J	K	L	M	N	O	P	Q	R	S
		6點	7點	8點	9點	10點	11點	12點	13點	14點	15點	16點	17點	18點	19點	20點	21點	22點	23點
1	起床洗漱																		
2	吃飯																		
3	洗衣服																		
4	寫作																		
5	吃飯																		
6	小憩																		
7	看電影																		
8	吃晚飯																		
9	洗澡面膜																		
10	看演講																		
11	睡覺																		
12																			
13																			
14																			

	A	B	C	D	E	F	G	H	I	J	K	L	M	N	O	P	Q	R	S
		6點	7點	8點	9點	10點	11點	12點	13點	14點	15點	16點	17點	18點	19點	20點	21點	22點	23點
1	起床洗漱																		
2	吃飯																		
3	洗衣服																		
4	寫作					最緊急	最重要												
5	吃飯																		
6	小憩																		
7	看電影																		
8	吃晚飯																		
9	洗澡面膜																		
10	看演講																		
11	睡覺																		重要	
12																			
13																			
14																			

平時上班沒時間洗衣服，積了近一週的髒衣服已經到了「不得不洗」的地步，這對此時的你來說確實是一件緊急且重要的事情，可以優先完成它，但不要把它排在自己主動型注意力或是積極型注意力狀態下去做。因為優質的注意力是用來解決思考型任務的。

第四步：在不影響效果的前提下，學會將不同類型的任務進行搭配

觀察上述的甘特圖可以發現，一天24小時幾乎被排滿，每個任務都是依次進行。看似安排得很充實，但實際上很有可能計畫剛實施一半你的意志力和注意力就宣布告急，懶得執行下去了。此時我們還需要找到計畫中對專注力要求較低的任務進行搭配，這樣就能大大提高執行效率，將節省下來的時間用於休息和娛樂，以保證後續任務的順利完成。

我第一次意識到這個方法的妙用還是在小學時。我所在的地區，小學三年級才開始學英語。每次上英語課時，老師都會逐個檢查背單字，全班40個學生，誰也別想逃過一劫。這對那時的我如同噩夢一般。如果沒背單字被老師「抓住」，就要將所有單字抄寫30遍！為了能夠過關，我將單字寫在小紙條上，每天上下學一邊走路一邊背。我這樣做並不是因為我有多麼好學，恰恰是因為我太貪玩了，寫完作業之後總想去看動畫

片，哪有時間背單字呢？於是我只能利用走路時間臨陣磨槍。我一直抱著應付的心態去做，可沒想到一次「特殊」的背單字經歷改變了我的想法。

那天老師考我的單字是「blackboard（黑板）」，當時班上的同學一下子都變得緊張起來，因為上節課老師並沒有說要背誦這個單字。我站起來脫口而出，絲毫沒有停頓地唸了出來：「b-l-a-c-k-b-o-a-r-d！」連老師都愣了一下，他壓根沒想到我竟然會背。就這樣，我在老師和同學們驚訝的目光下驕傲地坐了下來。那時，我突然意識到自己在走路時背誦單字的做法是完全正確的。

這次無心的嘗試真的是歪打正著，我正好就使用了任務搭配的技巧。在上下學走路時是需要花費時間的，但卻不用動腦筋，因為這一行為完全是下意識的、機械式的習慣，已經被基底神經節接管，一旦需要，就會被自動喚醒，直接「播放」。既然走路不需要動腦筋，也不會消耗專注力，不如在走路的同時再搭配一點需要動腦筋的小任務。我們也可以稱之為多執行緒任務法，就好像是一台電腦同時執行多個執行緒，從而提升處理能力。

在我上面的計畫表中，洗衣服、洗漱、敷面膜都是對專注力要求很低的小任務，在這段時間裡我還可以做些什麼呢？

我在上一節中講過，很多重要的任務其實都是複合型的，

要想高效地完成，就要將其細化成一個個具體的步驟，然後集中注意力逐一攻克。

比如寫一篇深度思考方面的文章就是複合型任務，可以分為：找資料、列提綱、寫開頭、寫正文、寫結尾等多個步驟，我們可以將搜索資料、列提綱等前期準備工作放在洗漱、敷面膜、洗衣服時完成。

敷面膜時，你全神貫注地睜著眼睛平躺在那裡並不會對面膜的吸收有任何幫助，這時你完全可以用手機搜索一下深度思考方面的資料。洗衣服時，你只需要將要洗的衣服分好類，依次放進洗衣機裡，點擊啟動按鈕即可。此時你根本不用守在那裡注視著洗衣機是如何將衣服洗乾淨的，這個時間段你完全可以繼續查找資料、寫提綱。

平時我會手洗貼身衣物，一邊洗一邊聽TED演講，既學到了知識、鍛鍊了英語聽力，還把衣物洗乾淨了。這樣，花費了同樣的時間卻做了更多的事情，還不影響所做事情的效果。

任務搭配就是在完成對專注力要求很低的事情的同時去做一些腦力活動。比如在通勤、洗漱、洗衣服、收拾、打掃、等待、跑步等活動時，我們會習慣性分心，此時完全可以利用這段時間來背單字、聽電子書、構思提綱、帶著問題查找資料等。

但在使用這一方法時有以下三大注意事項：

一、要搭配對干擾與中斷容忍度較高的腦力活動

比如，背誦單字對干擾和中斷的容忍度就很高。背一個單字只需要一兩分鐘，在重複誦讀的過程中即便被某件事情打斷，重新開始也較容易進入狀態。但如果你要求自己在坐地鐵時寫文章的開頭，在人頭攢動、聲音嘈雜的車廂裡，身邊準備下車的人的一個起身都有可能干擾到你，此時非要強迫自己在這樣的環境下完成寫稿的工作，的確有些強人所難。每次被干擾打斷後都需要使用意志力重新進入寫作狀態，這不僅會使意志力造成不必要的損耗，還會因為被不斷打擾而影響心情。要知道，負面情緒同樣會加速自我損耗。

總的來說，我們可以對腦力活動進行等級劃分，將記憶方面的活動及其準備工作整理出來，和一些體力活動搭配。但那些對專注力要求較高、對干擾和中斷的容忍度較低的任務最好還是留在注意力最佳的時間段去完成。

二、並不是所有不用思考的行動都能搭配腦力活動

我初中有段時間熱衷於一邊聽音樂一邊做習題，我覺得這樣可以調動自己寫作業的積極性，讓做題目變得不再枯燥。可事實上，那段時間我的成績下降得很明顯。因為聽音樂雖然不需要思考，但卻會佔用注意力，使我忍不住跟隨音樂浮想聯

翻，而缺乏專注力就會導致思考效率變低，連題目都需要反覆讀好幾遍才能理解，更別說解題了。

又如開車，它也是習慣性行為，但同樣會佔用注意力，並不適合搭配腦力活動，否則就會影響駕駛的安全性。

三、不要在同一時間內進行多種腦力活動

有的人為了追求行動速度，喜歡一心多用，比如，一邊看演講影片一邊做專案演示文稿，一邊回覆客戶郵件一邊打電話，結果每項工作都做得馬馬虎虎。

麻省理工學院神經學教授厄爾・米勒透過研究發現：同時專注做兩件事情會超出人類大腦的處理能力。當我們強迫自己一心多用，在同一時間內進行多種腦力活動時，其實是在主動削弱自身深度思考、集中精神的專注能力，這反而降低了大腦的工作效率。

研究發現，大腦在同時處理兩件甚至更多事情時並不是真的在「同時」去做，而是在多項任務之間快速切換。有切換就有中斷，當一項任務被中斷，再重新被切換回來時就需要一定的時間來喚醒之前的工作狀態和記憶，這在無形中造成了時間和精力上的浪費。並且，同時進行多種腦力活動還會加重大腦運行的負擔。

根據以上資訊我們就能製作出一份有利於提高自己行動效

率的甘特圖了。每天可以花費少量的時間把當天的行動甘特圖制定好,然後按部就班地完成。圖表畫得好不好看並不重要,只要能直觀地、清晰地顯示出任務資訊即可。當然,你可以主動給自己卸下包袱,並非必須完成整個計畫才行,只要盡力就好。允許自己每天進步一點點,別讓精心制定的計畫成為製造焦慮和壓力的「惡魔」。

第十二節

如何讓自己愛上學習

對於學習,很多人是又愛又恨。他們內心深知學習的重要性,也希望能夠透過學習提升自己的能力,改變自己的未來,甚至這種渴望有時還會變成一種焦慮。但遺憾的是,大多數人對學習的迫切感並沒有上升到行動,反而處於「心裡著急上火,行動磨蹭拖延」的矛盾之中。

當你感到無聊時會做些什麼來打發時間呢?我想,大多數人的回答都是滑手機。一有時間就拿出手機已經成為大多數人的下意識行為。一支連網的手機就像一個潘朵拉魔盒,裡面有著各種新鮮、有趣、好玩的手機軟體。一旦解鎖手機螢幕,我們的注意力就會被各種資訊彈窗吸引,即便知道自己有任務在身,也根本擋不住靈活觸碰螢幕的小手,當真是「身不由己」

啊。

　　你滑手機時的狀態是怎樣的呢？嫂子經常會對我姪子說：「你寫作業時如果能有你滑手機時一半的認真勁，就能考進班級前五了！」你瞧，本該用在學習上的認真、專注、積極、不知疲倦、越挫越勇的勁頭卻都用到了滑手機上，在正經事上反而像是中了白展堂的「葵花點穴手」，全被封印了。

　　我讀小學時最盼望的就是放假時爸媽上班，這樣我就能在家悄悄打開電視，看會兒動畫片。我會在爸媽下班之前將冰箱冷凍室的盒裝冷凍液拿出來，放到電視機的後蓋上給電視機降溫。因為爸媽一進家門，第一件事就是去摸電視的後蓋，然後根據溫度來判斷我有沒有偷偷看電視。有一次我看得太入神了，連爸媽用鑰匙開門的聲音都沒有聽到，直到他們怒氣衝衝地站在我面前我才反應過來。故事的結局不用我說你也能猜到吧！

　　願意主動去做某件事情，並且在做的時候能全身心地投入其中，不知疲倦，這就是進入了心流狀態。但讓人尷尬的是，我們進入心流狀態多半是在娛樂時，學習時我們的積極性反而會變差，總想拖延、放棄，注意力不集中，還會覺得每一分每一秒都過得很慢……

　　這是為什麼呢？我們能否讓自己像愛滑手機一樣愛上學習呢？

我在前面的章節中講到了多巴胺會製造出一種「我很快樂」的虛假幻象，它發揮效用的關鍵就是先讓人們對即將得到的獎賞產生期待和渴求。回想一下那隻蹲在椅子上不斷拉動拉桿的猴子，牠表現出來的亢奮、上癮和失控並不是因為牠有多開心，而是因為牠已經完全被多巴胺「奴役」了，滿腦子都是「再來一次」。牠並未沉浸在因為行動而有所回報的收穫與滿足之中，而是一直處於「欲求不滿」的狀態中。這種行為越重複耐受閾值就越高，越不過癮，於是只能不斷重複該行為來掩蓋內心的巨大空虛。

| 行動簡單易行 | 回報、反饋及時 | 滿足新鮮感 | 感官刺激 |

為什麼你會對手機愛不釋手？

我們沉迷於滑手機也是因為中了多巴胺的「圈套」。回想一下你看短影音的樣子吧：看了第一部就想看第二部，接著忍不住滑到第三部。你也想放下手機，但大腦中總有一個揮之不去的念頭：下一個視頻會更有趣。正是在這種「獎勵」的誘惑下，大腦驅使你不斷地滑動螢幕，讓你一直沉浸在高刺激的環

境中。等你看到眼睛乾澀、呵欠連連時，才發現時間已經過去了兩個多小時。此時你收穫的只有滿滿的空虛感和失落感，看著眼前還沒動筆的專案更是後悔萬分。從一開始被某條手機軟體推送的資訊所吸引，對此產生了期待，在觀看之後需求得到了及時的回應，於是開始期待下一條，再次進入了渴求狀態，周而復始，從而上癮。這就是被多巴胺「奴役」，沉迷於玩手機不能自拔的心理過程。

在這一過程中有四個關鍵因素需要格外注意。

1. 及時回饋

回饋週期大大影響了人們執行行動的主動性和積極性。回想一下你吃瓜子的狀態吧：看著面前擺放的一盤瓜子，你會不自覺地伸手拿起一顆來吃。當吃下第一顆之後就會繼續吃第二顆、第三顆、第四顆……即便在吃瓜子的過程中你也會分心做別的事情，比如，滑手機、聊天、去洗手間等等，但這絲毫不會影響你繼續吃瓜子，想停都停不下來，直到盤子中的瓜子變成了一堆瓜子殼。在管理學中，這一現象有個有趣的名字，叫做「瓜子理論」。

仔細觀察一下，這一過程有如下特點：

(1)需要實施的行動非常簡單。伸手拿起一顆瓜子，將瓜子的「頭部」放進嘴裡，用牙齒輕輕將瓜子殼嗑開，用舌

| 吃瓜子的單個行動 | 每次行動都會有 | 收穫可視化 |
| 簡單易行 | 即時回報 | 激發成就感 |

為什麼一吃瓜子就容易停不下來？

頭捲出瓜子仁，然後扔掉瓜子殼。這個行為非常簡單且容易上手。

(2) 付出行動後就有回報。當你實施了吃瓜子這個行為之後你就會得到一顆瓜子仁。回饋週期很短，付出就有回報。這會激勵我們不斷拿起下一顆瓜子，從而進入一直期待「下一顆」的循環中。

(3) 得到的回報是視覺化的，更能激發成就感。一邊嗑瓜子一邊看著瓜子殼越堆越高，這種視覺化的成就感也會對行動主體產生刺激和鼓舞，大大激發人們付出行動的主動性和積極性。

為什麼我們愛看短影音，卻懶得看紀錄片呢？為什麼我們能刷一篇篇微信公眾號文章，卻沒有辦法靜下心來讀書呢？因為回饋週期不同。前者只需要五六分鐘就能看完並獲得快感，這對天生「好逸惡勞」「急功近利」的大腦來說吸引力更強。

2. 多感官刺激

　　令人著迷的背景音樂，淺顯易懂、詼諧幽默的表達方式，搞笑的視頻畫面，讓人時而哈哈大笑，時而感同身受，時而辛酸落淚的故事情節等，都在想方設法調動我們的感官和情緒，感官被刺激得越充分，我們就越投入。

3. 互動性強

　　看到有意思的影片我們會評論、按讚、轉發，還會被有趣的彈幕逗得前仰後合，互動性被調動起來後，我們的積極性就更強了。

　　我之前看過一個影片，內容大致是創作者分享自己在日常生活中是如何利用「PDCA循環」來進行下班後的自我提升的。影片下方有一條近3,000按讚的評論是這樣自嘲的：

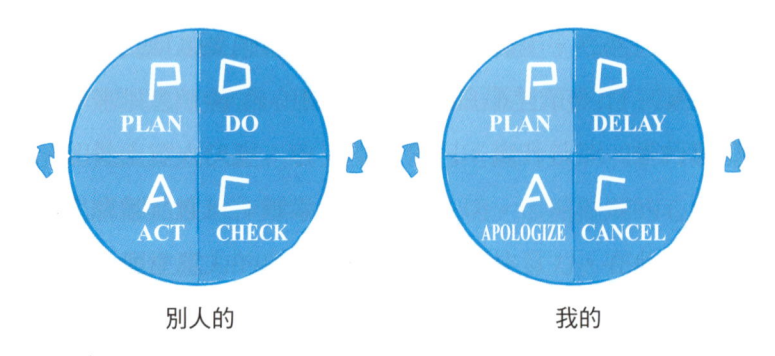

別人的	我的
PLAN / DO / ACT / CHECK	PLAN / DELAY / APOLOGIZE / CANCEL

同樣都是PDCA循環，為什麼差距就那麼大呢？

「PDCA循環難道不是plan（計畫）、delay（拖延）、cancel（放棄）、apologize（道歉）嗎？」但凡被拖延和懶惰折磨過的人應該都能感同身受！於是許多網友紛紛在這條評論下展開討論。這種有來有往的互動也是讓我們沉迷遊戲和手機的重要因素之一。

4. 有新鮮感

短影音的內容是多種多樣的，我們永遠不知道下一個刷出來的是什麼。我們總能被某個標題、某款封面所吸引，不由自主地點進去。而這種新鮮感是書本上的一行行文字、一個個公式比不了的。

以上四個因素就是我們沉迷手機的主要原因。值得慶幸的是，我們也可以反過來利用它們來調整自己的學習策略，激發我們對學習的熱情和主動性，並增強專注力。具體該如何做呢？看看下面的五條建議吧！

建議一：設定具體的小目標，主動縮短學習的回饋週期

上小學時，每次考完試我都會痛定思痛，下定決心要在寒暑假期間好好學習，爭取下次考試進入班級前十名，可每次堅持不了幾天就放棄了。這是為什麼呢？首先是因為行動的回饋週期太長了，我的付出需要好幾個月後才能看到結果；其次是

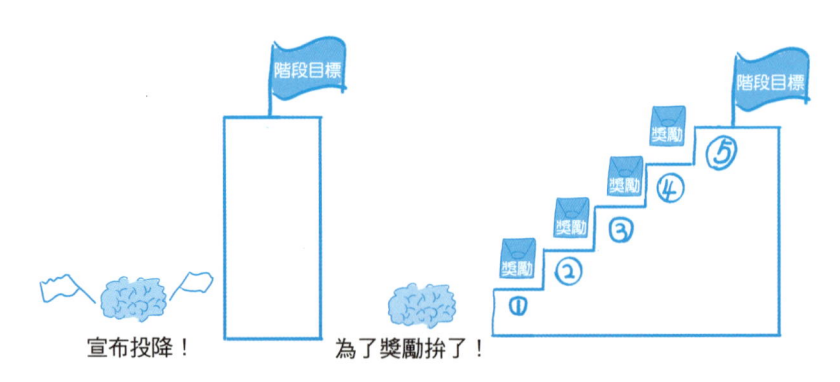

將階段目標劃分為具體執行的小目標
每個小目標匹配一個小獎勵

我需要付出的行動量太大了，目標太多，任務太雜。過長的回饋週期、沉重複雜的任務都會迅速瓦解一個人的鬥志和熱情。

幸運的是，上初中時我的成績追了上來。當時我所在的學校有月考，那時我會制定具體的目標，比如要求自己在下一次月考中數學成績達到90分以上（滿分100分）。回饋週期變短，目標變得明確，我學習的積極性就提高了，也能更持久地堅持了。

因此，我們在學習時一定要設定具體的目標，還要將其細化成一個個可量化的小目標。比如你的目標是通過英語四級考試，它雖然很具體，但依舊需要細化。你可以將其細化為每週甚至每天需要完成的小目標，比如今天的學習任務是背50個單字，每10個單字為一組，一共分為5組。背完這10個單字

和通過幾個月後的英語四級考試哪個更容易激發你的執行力呢？顯然是前者，因為它更明確、更簡單、更容易，你只需要「踮起腳尖」就能搆到。

當小目標被細化之後，回饋週期也就相應變短了。每組單字花費一個番茄時間（25分鐘），完成之後再進行一次簡單的測試，背會了就可以休息5分鐘，然後順便在自己的「成就清單」上打一個大大的勾，告訴自己「又掌握了10個新單字，真的太厲害了」。完成當天的50個單字後還可以嘗試獎勵自己玩兩局遊戲。

總之，要透過細化目標、碎片化回饋週期的方式讓自己有一種「只要向前邁出一步就能有所收穫」的感覺。

建議二：多設置獎勵，以激發學習的積極性

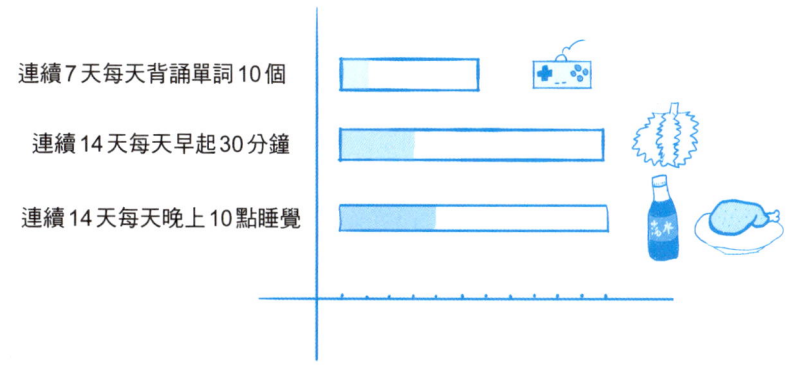

別捨不得給自己回應！
積極的反饋會讓你的執行力變得更強大！

每嗑開一顆瓜子就會得到一粒瓜子仁，每刷新一下APP就能看到一個新的短影音。可以看出，每一個讓我們上癮的行為的獎勵來得總是那麼及時。通過明年的全國司法考試的回報必然是讓人心生嚮往的，雖然它誘惑十足，但它的致命缺點是離當下需要付出的行動太遙遠了。即使你現在寫完兩張試卷也沒法實現通過司法考試的目標，當下的付出無法獲得及時獎勵是我們懶得行動的重要原因。如何解決這一問題呢？那就是主動設置獎勵。這就像是在通往終極關卡的路途中擺放了一個個小禮物，你每走一步都會有所收穫。堅持1天可以玩30分鐘自己喜歡的遊戲，堅持3天可以吃一塊心心念念的提拉米蘇，堅持7天可以買一件新衣服……

你可以將自己平時想買的小東西都設置成一個個小獎勵，作為當下行動的回報，以此來激勵自己主動學習。

建議三：將自己的付出視覺化

我建議你買一本方格本，只要你為目標付出了一點努力，就塗滿一個小格子。比如，拿出一張方格紙，在上面寫上「背單字」三個字，每個小格子代表10個單字，你今天背了50個單字，就用喜歡的顏色塗滿5個格子。日積月累，這一個個鮮豔的小格子就會提醒你自己有多麼的努力，這種成就感會讓你捨不得放棄。每塗滿一張紙你還可以發朋友圈，或是貼在牆

上。這種因「炫耀」而產生的自我激勵，效果特別明顯。

建議四：在枯燥的學習中設定有趣的環節來增加新鮮感

學習本就是枯燥乏味的，但我們仍然可以發揮自己的創意，透過增加一些有趣的小道具或「遊戲規則」來增加學習的趣味性。

比如，有段時間我對寫稿子產生了倦怠感，一想到要打開電腦寫稿就提不起精神。於是我買了一個很大的回車鍵（即Enter確認鍵），用資料線把它和電腦連在一起，每次需要按「Enter」鍵時我就用力敲打一下那個大回車鍵，這個小道具就讓我在平時寫稿時多了一些趣味性。

建議五：不要「孤軍奮戰」，要主動「曬出」自己的努力

如今網路時代，你完全不用躲在家裡一個人孤獨地努力。每天完成學習任務後，你可以用手機將自己當天所學的知識講解並錄製一遍，然後發布到網路上。你不用在乎自己發布的影片封面是否美觀，鏡頭是否炫酷，你只需要透過文章或影片的方式重新講解一遍自己當天學到的東西，然後對外輸出。這種主動分享的方式不僅能強迫自己進行內容輸出，提升學習效果，還能依靠內容吸引更多志同道合的夥伴，你們彼此之間可

以透過互動促進學習，成長得更快。

　　我有一個朋友在業餘時間學畫畫，她每次完成練習後都會將作品和心得體會發到網路上，經常會收到同樣喜歡畫畫的網友的評論。有些網友會鼓勵她，有些網友則會指出她的畫存在的問題。這種透過主動分享增強學習互動性的方法讓她對畫畫更感興趣了。

　　很多時候，能夠激勵我們的並不僅僅是物質上的回報，他人的回應也能使我們鬥志滿滿。

第二章

適合普通人的記憶力提升術

第一節
為什麼你的記憶力越來越差

　　讀小學時我特別喜歡一部電影《雨人》，劇中最吸引我的並不是感人的兄弟情誼，而是哥哥雷蒙。他雖然從小就患有自閉症，看起來智力也有些問題，沒有辦法像正常人一樣生活，但他卻有著超強的記憶力。

　　要知道，那時的我還是一個整天想著如何偷懶不做功課的熊孩子。看著枯燥乏味的課本，就特別羨慕那些記憶力好的人，幻想著自己有朝一日也能擁有超常的記憶力，不管是背課文還是背單字，都能「耳聞則誦，過目不忘」。當時我覺得記東西沒有什麼特別的技巧，只要多讀幾遍，反覆看，自然就記住了。可等上了中學之後，課業負擔加重，我才漸漸發現，記東西並不是坐在那裡一遍遍朗讀、死記硬背就能有成果的。有

時候剛花了一節自習課的時間背誦，可等到做題時大腦還是會一片空白。又或是今天還能背出來，下個星期卻連一個字都想不起來了。這種經歷一多，就會讓人對自己的學習能力產生懷疑，充滿挫敗感。

自己的記憶力差真的是因為智商不如資優生嗎？學過的東西很快就忘了，背書總像「狗熊掰棒子——掰一個，丟一個」，有什麼方法能「搶救」一下嗎？

不要灰心喪氣，其實提高記憶力並不難。很多時候我們在記憶方面打敗仗都是因為缺乏技巧，一味使用蠻力去強迫自己死記硬背，單純的重複只能起到暫時記憶的作用，倘若缺乏使用和理解，這些知識很快就會被忘記。

記憶專家吉姆·奎克曾在《無限可能》一書中講道：「記憶力沒有好壞、強弱之分，只有受過訓練和未經訓練的區別。如果你很難記住別人的名字，無法在沒有筆記的情況下做演講，甚至早上找不到車鑰匙，這並不是因為你缺乏做這些事情的能力，而是因為你沒有接受過相關的訓練。」

在講解記憶力訓練技巧之前，我們需要先瞭解除了先天發育、疾病等原因，還有哪些因素會限制記憶力的發揮。

一、成癮行為

在過去，神經科學家普遍認為大腦一旦受到損傷是不可逆

轉的。但隨著科學和醫療技術的發展，研究人員發現，大腦可以重新生長細胞，建立新的連接，修復損傷，恢復功能，這就是神經可塑性，這一發現是腦科學歷史上的重大突破。

大腦擁有多種神奇的能力，記憶僅僅是其中之一。你一定聽過類似的說法：「腦子是要用的，越用越靈光，不用就『生鏽』了！」這並不是長輩故意嚇唬我們。大腦的一個重要特點就是用進廢退，它就像肌肉一樣，經常使用和鍛鍊會讓大腦越來越靈活；反之，認知狀態就會越來越差。

認知科學家透過研究發現，不管是藥物、菸酒、食品成癮，還是網路、遊戲、賭博、購物成癮等，本質都是同一種成癮機制，它們都會給大腦帶來負面改變，如，腦前額葉功能退化：意志力減退，難以集中注意力，思考能力下降等；脫敏反

成癮行為會對大腦造成負面影響　　　腦子越用越靈活

大腦的一個顯著特點：用進廢退

應：成癮事物帶來的快樂越來越少,甚至變得麻木,於是在成癮事物上花費更多的時間與精力;敏化反應:感覺別的事物都沒有吸引力,只對成癮的事物過分敏感。

這裡需要注意的是,小說、短影音、遊戲等引發的成癮行為對記憶力的負面影響要比菸酒、賭博等更具隱蔽性,甚至有人認為,平時沒事看看小說、刷刷短影音只是生活習慣,並不是上癮。但縱容自己經常重複這類行為,會讓自己深陷各種碎片化資訊難以自拔,即便已經放下手機開始學習,卻依舊無法靜下心來,大腦還沉浸在之前強刺激的速食資訊中。在這種干擾下,出現記憶力下降的情況也就不意外了。

二、長期睡眠不足,缺乏運動

現在很多人都有熬夜的壞習慣。有的人是因為工作、學習太忙,不得已睡得很晚。有的人是因為躺在床上玩手機,不知不覺就看到了深夜。熬夜會導致睡眠品質下降和睡眠時間不足,大腦無法得到充分的休息,第二天就會精神不振,工作、學習效率就會降低。長期睡眠不足還會導致大腦損傷,削弱自控能力,導致輕度前庭功能紊亂,讓人變得暴躁易怒,難以集中注意力。

缺乏運動同樣會導致精神不振,記憶力變差。白天上班,晚上下班回到家中則奉行「能躺著絕不坐著」的原則,週末休

息更是一覺睡到日上三竿,醒了就躺在床上滑手機,餓了就點外賣,這樣的生活作息讓很多年輕人的體質變得越來越差,身體懶,大腦更懶。

三、壓力過大,長期處於焦慮之中

壓力和焦慮是意志力的剋星。當身心處於過度焦慮的狀態時,會讓自身的精力和意志力加速損耗。很多時候我們為了激發自己學習的動力,會採用自認為最簡單有效的方法,那就是不斷地給自己施壓,企圖透過「罵醒自己」的方式進入「知恥而後勇,知弱而圖強」的狀態。

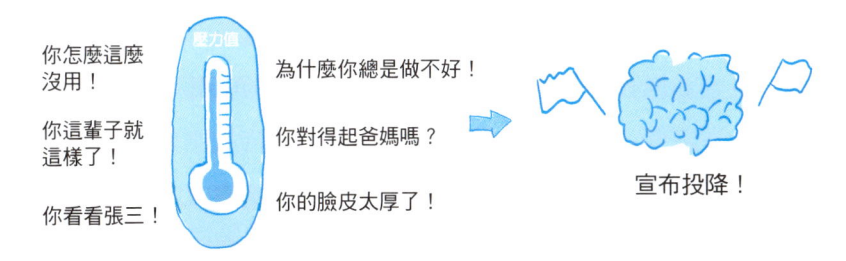

你怎麼這麼沒用!
你這輩子就這樣了!
你看看張三!

壓力值

為什麼你總是做不好!
你對得起爸媽嗎?
你的臉皮太厚了!

宣布投降!

錯誤認知:盡可能自我施壓,會激發執行力!

考試沒考好,就一直數落自己為什麼才考這麼點分數,根本對不起奔波操勞、無私付出的父母;臨近資格證考試,複習計畫卻一拖再拖,於是一直批評自己為何如此懶惰、頹廢,罵

自己真是個廢物。

　　事實上，這種粗暴的打壓方式是很難讓自己幡然醒悟、改過自新的，反而會讓大腦更加疲憊，進入「越罵越懶」的狀態。

四、缺乏認知積極性

　　我們都知道興趣是最好的老師，原因就在於人們會對自己感興趣的東西表現出積極性。我上初中時特別喜歡歷史老師，每節歷史課聽課都會格外認真，放學之後也會先寫歷史作業、背誦歷史知識點，因此每次歷史考試我的成績都能排進班級前三。當你在認知上具備積極性時，學習、理解、記憶的效率自然會變得更高。否則，只是被動地拿著課本，苦大仇深地看著上面的字，卻沒有任何動力去背誦，這樣記憶的效果必然大打折扣。

五、知識儲備量小，導致處理資訊的能力較差

　　如果只是像和尚唸經一般反覆唸誦，強迫大腦「張開懷抱」接收新的知識點。即便能記住，也註定是低效的。

　　為什麼同樣的知識點，有的人記得又快又好，有的人卻背得跌跌撞撞呢？還有一個重要的原因就是不同的人知識儲備量是不同的，因此導致他們處理資訊的能力也不一樣。

舉個例子。讓兩個人同時背誦英語單字「abandon」，其中一個根本不會英語，背誦的方法就是逐個字母唸。在他眼中，這個單字的字母像亂碼一般，沒有任何聯繫，只能靠不斷地重複，直至背會。好不容易記住單字之後還得繼續強迫自己記住這個單字的含義。

　　而另一個人則具備一定的英語知識，他會將單字拆解後再背誦：「a」可以表示肯定，也可以表示否定，在單字「abandon」中則表示否定；「band」表示綁帶、捆綁的意思；「on」表示在……上面。將以上三個部分組合到一起，意思就是「不捆綁在上面」，自然就能更好地理解該單字「拋棄、放棄」的含義了。

　　兩個方法一對比，肯定是第二個人記得又輕鬆又牢固。有時你發現自己記東西的速度變慢了，並不一定是記憶力真的變差了，也許是因為你背誦的內容是已有知識儲備的「盲區」，你無法將新的知識點轉換成熟悉的知識來理解消化。這就好比你駕車開進了一片完全陌生的區域，沒有導航，只能一點一點摸索，這樣探索路線的效率自然會降低。

六、不良思考習慣

　　你的手機裡下載了多少能給你提供短期快感的軟體呢？在你身體疲憊、精神緊張時可以看幾個搞笑的段子，刷幾分鐘短

影音來解悶取樂,但如果你一有時間就掏出手機滑來滑去,那麼這些軟體不僅會掏空你的時間,更會腐蝕你的思考能力。

學習是需要耐心的,記憶力是需要訓練的。但現在很多人都被海量碎片化的「速食式」資訊慣壞了。我曾在網路上發表了一篇關於如何讀書的乾貨文章,高點讚量、高收藏量的光鮮卻掩蓋不住極低讀完率的尷尬,有好幾個網友的評論出奇地一致:「是好文章,到我的最愛裡吃灰吧!」意識到內容對自己有幫助,但卻沒有耐心支撐自己認真讀完,收藏即「冷藏」,安慰自己以後有時間再看,可沒過幾秒就將「誓言」忘得一乾二淨。

文章字數一多就開始不耐煩,題材枯燥一些就覺得提不起興趣,影片時間一長就直接倍速播放,內容稍微複雜一點就覺得燒腦。只願意用最短的時間瀏覽最刺激、最有趣、最淺顯易懂的資訊是現代人閱讀的常態,更是讓我們的大腦變得越來越懶惰的直接原因。

第二節
記憶到底是什麼

記憶是我們與生俱來的本領,但不少人對記憶的理解仍停留在「重複」二字。覺得背不會就多讀幾遍,或是信奉「好記性不如爛筆頭」,如果透過反覆閱讀還記不住的話,那就抄寫,直到抄會為止。這樣機械式的記憶註定是低效的。要想提升記憶力,就先要搞清楚大腦是如何記住資訊的。

記憶是指人類利用大腦對資訊內容進行儲存和使用的過程。從記憶內容的貯存時間來分類,記憶可以分為暫態記憶、短時記憶和長時記憶。

暫態記憶也叫感覺記憶,它是指外界資訊作用於大腦後,在感覺通道內極為短暫地停留。它的特點是資訊容量極大,但保存的時間極短,通常只有0.25~2秒。給人的感覺就像是一晃

而過,當時有印象,但轉眼就忘記了。只有在引起人們注意的情況下,暫態記憶才能被感覺器官進一步編碼成短時記憶。暫態記憶可以快速、大量地暫時保存感覺器官接收的外界資訊,從而幫助我們高效地判斷、觀察自身所處的環境,並自由選擇保留那些對我們有意義的重要資訊並做進一步處理。

比如,當我打開搜尋引擎查閱關於多巴胺的資料,手中的滑鼠快速滑動,那些一閃而過的字眼都會成為暫態記憶。突然我看到了一個叫做「內啡肽」的詞,雖然這不是我原本要找的,但我認為這個詞背後的知識可能對我很有用,於是我決定看完當前頁面之後就去搜索內啡肽的資料。最終內啡肽這個讀起來有些拗口的詞語就從我原本的暫態記憶變成了短時記憶。

短時記憶是指那些經過感覺器官加工、編碼之後短暫保存的記憶,它是暫態記憶和長時記憶的「仲介」。一方面能暫時保存資訊以幫助人們完成當前認知方面的工作,另一方面則

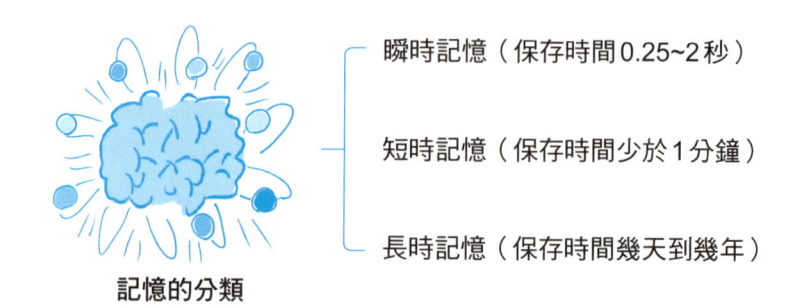

瞬時記憶(保存時間0.25~2秒)

短時記憶(保存時間少於1分鐘)

長時記憶(保存時間幾天到幾年)

記憶的分類

是將其中部分有用的資訊升級為長時記憶。短時記憶的容量有限且保存的時間較短，最多不超過1分鐘，提高它的儲存效率最有效的方法就是複述，及時複述可以減少短時記憶中的資訊片段因無關刺激的干擾而被快速遺忘。根據L・R・彼得森和M・J・彼得森的實驗結果顯示，如果沒有及時對短時記憶進行複述，僅僅過了18秒再去回憶，正確率就只有10%左右，1分鐘之後暫時記住的資訊就通通「煙消雲散」了。比如你查詢到一個電話號碼，嘴裡一個勁地唸叨，生怕自己忘記，等到順利打完電話之後再去回想這個號碼，記憶已經變得模糊，這就是典型的短時記憶。

　　長時記憶是指透過複述等深度加工方式將來自短時記憶中的資訊在大腦中長期保留下來。除此之外，強感官刺激造成的深刻印象即便只輸入一次也可能形成長時記憶。長時記憶在容量和保存時間上擁有絕對的優勢，容量大，且貯存時間可達數年甚至終生不忘。當然，從理論上講，只要資訊在大腦中保存時間在1分鐘以上，都可以稱之為長時記憶，而我們渴望提高的記憶力也主要是指長時記憶。例如，上個月我剛參加了一場答辯，現在還能背誦出當時準備的稿子，這就是大腦透過深度加工所形成的長時記憶。又如，已經31歲的我直到現在還清晰地記得5歲時做的那場噩夢，即便那個一堆毒蛇互相纏繞的場景只在我夢中出現過一次，但由於強烈的感官刺激讓我印象

深刻，於是也形成了長時記憶。

長時記憶的資訊組織方式有兩種，一種是語義編碼，一種是表象編碼。語義編碼主要是透過詞語來完成資訊加工，再按照意義、語法關係、系統分類等將其組塊化、概括化。表象編碼則是透過視覺、聽覺、嗅覺、味覺、觸覺等感官進行記憶。這兩種編碼方式各有特點，我們在日常生活中都會用到。比如，記憶印表機時，我們可以用「長方體的形狀，運行起來有『喀喀』的聲音」等表象編碼的方式來表徵它，也可以用語義編碼的方式，如「印表機是一種將電腦處理結果列印在相關介質上的電子輸出設備」來描述。

弄明白記憶的分類後再去理解記憶的過程就簡單多了。

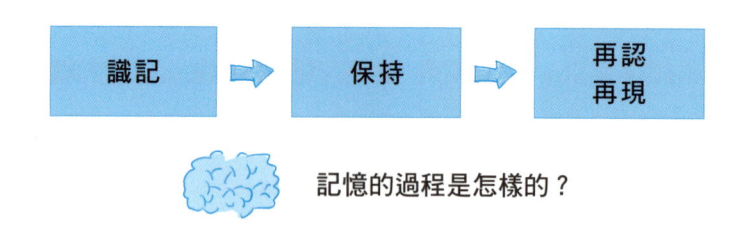

識記 ➡ 保持 ➡ 再認再現

記憶的過程是怎樣的？

記憶的過程主要遵循以下三個步驟：

第一步：識記

這是一個將外界資訊進行感官編碼，對其特徵進行區分、認識，使其在大腦中產生印象的過程，也是整個記憶過程的關

鍵階段。

我們可以想像一下,在大腦中有一個「資訊接待室」。外界資訊經過感覺器官來到「資訊接待室」作短暫的停留,其中一部分資訊引起了大腦的注意,於是感覺器官開始對其進行二次加工和改造,讓新的資訊和已有的知識結構形成聯繫,於是短時記憶就產生了。

根據識記主體是否有明確的目的、是否發揮主觀能動性,又可以分為無意識記憶和有意識記憶。

無意識記憶是指沒有明確目的,整個過程也沒有調用自控力,是自然發生的識記。比如你聽同事講了一個感人的故事、第一次面試時的情景、因為封面很好看而記住的書名、電影裡的經典台詞等,都是無意識記憶。雖然識記的過程很輕鬆,但隨機性較強,是不穩定的、非系統的且不能自主選擇的提升認知的方式。它對外界資訊的擇取有三大特點:①對強烈的感官刺激很敏感。新奇的事物更容易抓住人們的注意力,讓人看一眼就印象深刻。②對與個人相關性較高的內容較敏感,如興趣愛好、痛點、需求等。③對能夠引起自身強烈的情感反應的內容很敏感。

比如我對攝影很感興趣,無意間刷到講解拍攝技巧的影片就會下意識地記住一些,但如若想要真正提高攝影水準,系統學習則是很必要的。有意識記憶的效果要比無意識記憶的效果

好得多,且記憶效果和主體的積極性呈正相關,識記的方向和內容越具體明確,識記的心態越積極主動,識記的方法越符合個人情況,注意力越集中,記憶的效果就越好。

根據對外界資訊的編碼方式不同,可以將識記分為機械識記和意義識記,其中意義識記也叫理解識記。機械識記是指在不理解其內容意義或內容本身並無聯繫的情況下,用機械式重複的方式來記憶。意義識記則是指在理解內容的基礎上,透過聯繫的方式進行識記,其記憶速度和效果全方面碾壓機械識記。

比如中國古代歷史中的主要朝代有:夏、商、西周、東周(春秋、戰國)、秦、西漢、東漢、三國、西晉、東晉、南北朝、隋、唐、五代十國、北宋、南宋、元、明、清。如果在不理解這些歷史朝代的背景知識下靠不斷的重複來加深印象,就是機械識記。但老師在講課時都會將其替換成簡單易懂、朗朗上口的「朝代歌」:「三皇五帝始,堯舜禹相傳。夏商與西周,東周分兩段。春秋和戰國,一統秦兩漢。三分魏蜀吳,兩晉前後沿。南北朝並立,隋唐五代傳。宋元明清後,皇朝至此完。」在理解這段歷史背景的前提下,利用順口溜的方式來背誦就屬於意義識記,記憶的效果自然高出許多。

記得上初中時我總是記不住戊戌變法的起止時間,期末考試的前一天我是這樣幫助自己記憶的。戊戌變法的實施時間

是1898年6月11日,我在「1898年」後面標註了「98」,諧音「救吧」,正好能夠呼應戊戌變法是一場具有愛國救亡意義的政治改革。「6月11日」是我姥姥生日的前一天。

戊戌政變的時間是1898年9月21日,日期是同年的9月21日,我在後面標註了「救哀完(one)」,意思是「企圖去救,但結果是悲哀的,最後光緒帝成了無枷之囚,執政生涯也完(one)了」。我將這些原本沒有意義的數字和我姥姥的生日、諧音等已有資訊進行了聯繫,表面上看「傻傻的」,但這樣分析了一遍我就記住了,直到現在都記得清清楚楚。

第二步:保持

「保持」是將之前識記的內容在大腦中進行存儲、鞏固的過程。此時,之前識記保持的內容可能會發生兩種變化,一種是之前記住的資訊現在想不起來了,另一種是記錯了,這兩種

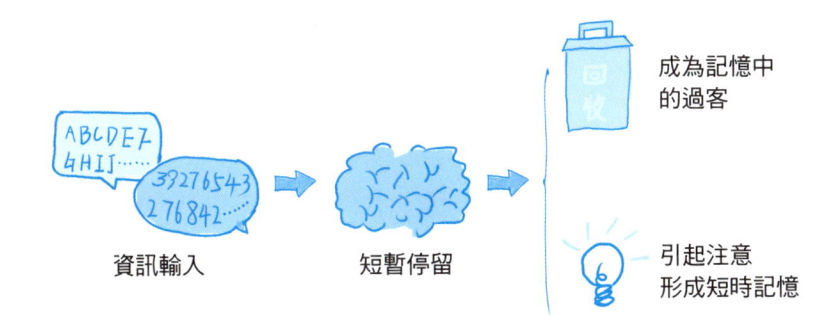

資訊輸入 → 短暫停留 → 成為記憶中的過客 / 引起注意形成短時記憶

情況統稱為遺忘。我們在記憶的過程中不要害怕遺忘，遺忘並不代表你很笨、記性很差、之前的努力都白費了，而是一種正常現象，它的發生也是有規律可循的。德國心理學家赫爾曼・艾賓浩斯在1885年提出了著名的「艾賓浩斯遺忘曲線」，該研究表明：遺忘的進程並不均衡，而是先快後慢，剛開始忘得快，但隨著時間推移，遺忘的速度開始變慢。在完成識記後的記憶量是100%，但若沒有及時複習，20分鐘後記憶量就會驟減為58.2%，一天之後記憶量就僅剩33.7%了。

第三步：再認和再現

這是一個查找、提取記憶資訊並進行運用的過程，它包括兩部分：一是再認，二是再現。

再認是指曾經記憶的資訊再次出現，被大腦識別和確認的過程。有兩個主要因素會影響再認的效果：①曾經記憶資訊的鞏固程度。過去識記的資訊如果被保持得清楚且準確，那麼當該資訊再次出現時大腦就會迅速做出反應，完成識別和確認，但如果過去識記的資訊已經變得模糊，就難以準確完成再認。②曾經記憶的資訊和重新出現時的相似程度。相似程度越高則再認就越迅速、越準確，相似程度越低，再認就越緩慢，出錯機率就越高。

再現也叫回憶，它是指在一定的誘因作用下，曾經記憶的

資訊在大腦中再次出現的過程。無目的性的、不自覺的回憶叫做無意回憶。比如你正在玩手機，偶然看到一篇關於故宮的遊玩攻略，於是你想起了小時候和爸媽一起去故宮的經歷，這就是無意回憶。有目的性的、主動且需要調動自控力的回憶則叫做有意回憶。比如上課時老師考了你一個關於鴉片戰爭的問題，為了回答這個問題，你主動回憶相關知識，這就是有意回憶。

其中有意再現又可分為直接再現和間接再現。由當前的事物直接引發大腦對曾經記憶資訊的回憶叫做直接再現。透過仲介因素進行聯想產生的再現叫做間接再現。比如你在訂機票時看到了「Baggage Allowance（行李限重）」的字樣，於是你開始在過去學習的英語詞彙儲備中檢索，以此來回憶這兩個單字所表達的意思，這叫直接再現。又如，同桌正在做歷史作業，他忽然問你戊戌變法是哪一年發生的，你借助著「98諧音法」這一仲介因素進行聯想，然後回憶起戊戌變法發生在1898年，這就叫間接再現。

影響再現效果的主要因素有三個：①曾經記憶資訊的準確性和鞏固程度。起初記得越扎實、越精準，回憶起來就越快、越準確。②回憶時的身體狀況。過於緊張、著急或疲憊會因為壓力過大造成「斷片」，讓大腦一片空白。我想大家都有過這

樣的經歷，越是重要的場合，比如考試、面試，越容易緊張，明明自己準備得很充分，在答題時卻感覺腦袋空空如也，想破腦袋也記不起來，等到考試結束反而一下子想起來了剛才考的知識點。③回憶時的靈活性。比如直接回想某個資訊卻一無所獲時，你可以主動回憶與其相關的資訊，然後透過這些線索進行聯想。

再認和再現並沒有嚴格意義上的劃分，一般來說，再現要比再認難一些。能對過去識記的資訊進行再認的不一定能夠再現，但能對過去識記的資訊進行再現的一定能夠再認。

透過上面的講解，我們知道了習以為常的記憶是如何運作的。記憶由「記」和「憶」組成，記的過程有兩個環節，分別為識記和保持；憶指的是再認和再現。這三個環節缺一不可。識記是對輸入進行保持的大前提，保持則是對識記資訊的鞏固，再認和再現則是對識記資訊的提取和輸出，是真正檢驗識記和保持效果的環節。

所以很多時候我們並不是記憶力差，而是很有可能在以上三個環節中犯了某個小錯誤，從而影響了最終再認和再現的效果。在識記、保持、再認和再現這三個環節中都有哪些實用的技巧呢？請緊跟著我的思路繼續閱讀吧！

第三節
訓練你的記憶力一：
在識記時要給大腦下達明確的指令

在開講之前我們先來玩個小遊戲吧。觀察下面這張圖片，20秒之後請回答下面提出的問題。

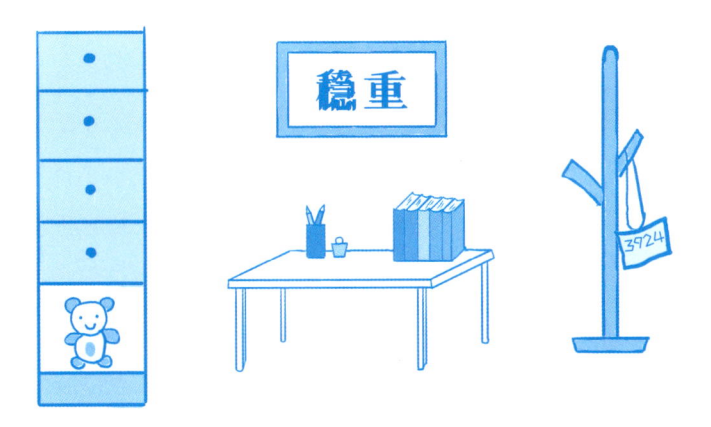

請回答：在桌子上擺放的一排書中，從左往右數第三本是什麼顏色？

不知道你答對了沒有。也許會有人說：「你這樣出題是不對的，時間那麼短，又沒有明確的題目，我連記憶的方向都沒有，答不出來是很正常的。」

好吧，那這次我先提問：「衣架上掛著的學生證號碼是多少？」10秒後請閉上眼報出你的答案吧！

我想，這次絕大多數人都能輕鬆答對！我在講解暫態記憶時說過，只有在引起人們注意的情況下，暫態記憶才能被感覺器官進一步編碼處理成短時記憶。那麼，在我們記憶時，如果記憶對象是籠統的、寬泛的，大腦沒有明確的識記目標，就會像無頭蒼蠅一般東看看西望望，這就很容易分散注意力，造成低效記憶。

在本節開始的小遊戲中，如果你並不知道題目，在面對一幅資訊量較大的圖時，你的大腦就很容易不知所措，眼神也只會漫無目的地在圖片上掃來掃去，看似在汲取資訊，實際上轉眼就忘。但如果我們帶著具體的目標去識記，就相當於給大腦下了一道明確的指令，集中注意力去處理一個具體的問題，效率自然就提升了。

去年我參加了一場線下書友交流會，主持人讓書友們寫下自己閱讀時遇到的困擾，最後統計出排名第一的問題是：讀完一本書之後仍然不知所云，該怎麼辦？

很多人讀完一本書，回想內容時大腦卻一片空白，根本記不住作者講了些什麼，更別提運用了。造成這種尷尬局面的罪魁禍首就是在閱讀時沒有給大腦下達明確的指令，從而使大腦在注意力分散的情況下迷迷糊糊地跟著作者的思路走，越讀越睏，越讀越覺得沒意思。這不叫讀書，而是翻書。

有效識記的首要目標就是要想方設法地刺激大腦，讓它將注意力集中到一個具體的點上，由此帶動自己積極思考和記憶。可日常學習時我們面對的資訊很有可能是非常複雜的，這該怎麼辦呢？

我們可以將大腦想像成一名汽車司機，它的任務就是帶領我們在知識的世界裡觀光旅遊。如果作為乘客的我們在上車之後閉口不談要去哪裡，司機肯定會一臉懵，只能亂開一通，越開越睏，導致坐在車裡的我們也沒了興致。因此，造成記憶低效的重要原因就是大腦沒有方向感。

下達明確、具體的指令，是讓大腦進行高效思考的前提！

可如果我們換個方式，一上車就告訴司機自己要去哪裡，而且告訴他這個地方對自己來說有多麼重要，這樣司機就像開了導航一樣，可以直接開往目的地，乘客也能提起精神觀賞一路的好風光。

懂得這個道理後，在面對複雜的資訊時我們就應該學會做一個合格的「乘客」，直截了當地告訴大腦我們要去哪兒（我們要著重處理哪一部分資訊）、我們為什麼要去那裡（我們為什麼要處理這部分資訊、它對我們有什麼用、能解決什麼問題，以及在記憶之前對該知識點有哪些疑問）。

第一部分是在給大腦下達準確的指令，給它明確的方向，以便集中注意力。完成一個指令後再下達第二個，以此類推。第二部分是在拉近自己和待處理資訊之間的距離，利用和自己有著緊密關係的利益來誘惑、刺激求知的興趣和執行力，以提升注意力的品質，延長專注的時間。

之前我買了一本《社會心理學》，厚厚的一本，有五百多頁。每當我下定決心閱讀時總是以失敗告終，這本被美國700多所大學的心理系採用的經典教材乾貨十足，但沒讀一會兒我就感覺自己的眼皮開始打架，倦意濃濃。後來我按照前文所講解的技巧去閱讀時，這種尷尬終於被化解。

第一步：透過目錄確定一個待處理的要點資訊；第二步：利益誘惑，告訴自己如果學會了這個知識點，將會給自己帶來

哪些好處。

　　千萬別小看這兩個準備步驟，它可以在無形之中激起你的求知欲，還會讓你在還沒開始時就已經迫不及待想要學習了。比如，我們首先確定要先拿下「自利偏差效應」這個知識點，接著進行自我誘惑，在學會自利偏差效應之後對我們有哪些好處呢？第一，化身調查員，滿足好奇心：觀察自己和身邊的人是如何分析自身成功原因的，看看是否滿足自利偏差效應。第二，自我反省，減少日後「踩坑」的機率：不要因為某次的成功經歷而盲目自我抬升，高估自己對事情結果的掌控能力。第三，靠內容分享來吸引粉絲和賺錢：蒐集自利偏差效應的案例和資料，將其寫成文章或製作成短影音發布到網路上，吸引粉絲並賺取收益。

　　除了「利益誘惑」，我們還可以採用提問法來激發自己的好奇心。比如，自利偏差效應是什麼意思？學會這個知識點後對我有什麼用處？我可以將這個知識點運用在哪些方面，解決哪些問題？這個知識點還可以給我帶來哪些額外的收穫？

　　然後，帶著這些問題去閱讀、識記。透過優化準備工作，可以讓大腦準確接收到一個吸引力較強的明確指令，大腦在處理資訊時自然就能變得更加高效！

第四節
訓練你的記憶力二：
記憶時要先整理框架，後理解、記憶細節

還記得高中歷史課本中是如何講解君主專制主義中央集權制度的積極作用和消極影響的嗎？記不清楚的人不用著急，我們可以先來做一個記憶小練習，回味一下當初「背了又忘，忘了又背」的感覺。

君主專制主義中央集權制度的積極作用：①有利於多民族封建國家的建立、鞏固和發展，有利於維護國家的統一和領土完整。②可以有效地組織人力、物力和財力，有利於進行大規模經濟建設和生產，有利於社會經濟的發展。③在統一的社會背景下能夠促進民族大融合，有利於各個地區的經濟、思想文化交流發展與提高，對中華民族的繁衍、發展起到了巨大作

用。

　　君主專制主義中央集權制度的消極影響：①皇權專制極容易形成暴政統治和貪污腐敗現象，成為歷史發展的阻礙因素。②在明清時期嚴重阻礙了資本主義萌芽的產生和發展，束縛了社會生產力的進步。③在思想方面獨尊一家，禁錮了人們的思想，摧殘了文化，壓抑了創造力，出現了「萬馬齊喑」的可悲局面。

　　面對這類資訊量較大的內容時，千萬不要一句一句地背誦，否則就是將原本有著緊密關聯的知識體系分割成一個個孤立的要點，光靠死記硬背的話自然容易變得像「狗熊掰棒子——掰一個丟一個」。
　　正確的方法是先通讀一遍，理解之後再透過內容彼此之間的邏輯關係梳理出一個系統的框架。先把握整體框架，然後再記憶細節。這樣就能理解得更透徹，記得更扎實，複習起來也會很方便。
　　看似一大段知識點，但無論是積極作用還是消極影響，都是從政治、經濟、思想文化三個層面進行總結的。整體的結構梳理好了，再去理解和識記每個部分的細節內容就容易得多。
　　比如上面提到的兩大歷史知識點在閱讀理解之後可以整理成如下思維導圖。

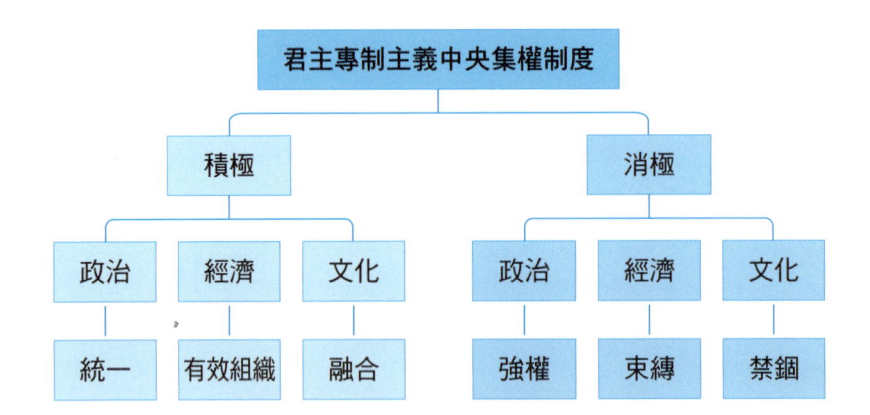

```
                    君主專制主義中央集權制度
                    ┌──────────┴──────────┐
                   積極                   消極
              ┌─────┼─────┐         ┌─────┼─────┐
             政治  經濟  文化        政治  經濟  文化
              │    │    │          │    │    │
             統一 有效組織 融合      強權  束縛  禁錮
```

比如，中央集權、皇權專制制度在政治上的積極作用都集中體現在統一上。各個地方都服從於皇帝的指令和派遣，當遇到內部叛亂、外敵入侵時，可以快速調集各個地方的力量，自然有利於抵禦外來侵略，防止分裂割據，維護國家的統一。消極影響則是容易形成暴政與貪污的溫床。人民沒有政治權利和地位，全是統治階級說了算，這樣決策的獨斷性和隨意性就會深深影響一個國家的政治命運，自然容易助長暴力統治、官僚腐敗之風。

再舉一個例子。我因為有事不能去超市，於是拜託你幫我去超市採購如下商品：藕、鋼筆墨水、馬鈴薯、料酒、5號電池、醬油、葡萄、辣椒粉、寬粉、牛肉、口香糖、茄子、薯片、番茄、一次性手套、胡蘿蔔、日記本和腐竹。

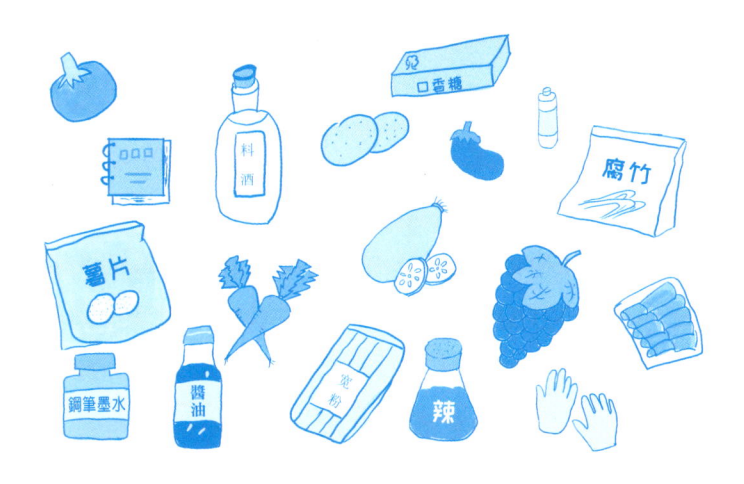

面對這種混亂的資訊，第一步就是要建立框架，尋找規律。以上需要採購的物品其實可以分成七類。蔬菜：藕、馬鈴薯、茄子、番茄、胡蘿蔔；水果：葡萄；食材：寬粉、牛肉、腐竹；烹飪調料：料酒、醬油、辣椒粉；文具：鋼筆墨水、日記本；生活用品：5號電池、一次性手套；零食：口香糖、薯片。

可以看出，將一堆雜亂的資訊按照某種邏輯關係分類之後，記憶的思路就會變得清晰、直觀起來。大腦最害怕的就是雜亂無章的資訊了。這就好比我們在玩拼圖時，如果每次都需要從一堆混亂無序的碎片中去尋找對應的碎片，自然會很辛苦，而且拼得很緩慢。

拼拼圖最高效的方法是先分片。首先挑選出有直角的，然後挑選出有直邊的，最後再按照拼片上的顏色進行分類。分片之後先將四個直角擺放到相應的位置，接著再按照圖像銜接拼好四條邊，最後再從四周往中間拼，需要什麼顏色就在之前分好類的碎片中尋找。這樣先建立起基本框架，再填充細節時搜索範圍就變小了，自然就高效很多。

　　透過上面的講解我們可以直觀地發現，在背誦資訊量較大的內容時，要先整理出知識框架，將看似一盤散沙的知識點串聯起來。先將邏輯結構理解、記住了，然後再去理解更細的知識點時就會輕鬆許多。要點與要點之間還可以互為記憶線索，哪怕其中某個知識點已經有些淡忘了，也可以透過知識框架和其他要點來幫助回憶。

第五節

訓練你的記憶力三：
在學習新知識時要主動創造更多的要點連結

百度前副總裁李靖曾在一次主題為「讀很多書，工作很多年，為啥不是專家」的演講中分享了一個很重要的學習方法——發散思維，即每學到一個新的知識點，要想方設法去創造更多的要點連結。

比如，他新學了一個概念叫做「決策癱瘓」，它是指在面對大量的資訊和選項時，大腦決策系統容易「崩塌」，從而使得決策能力和決策品質雙雙下降。

有次他去一家餐廳吃飯，原本只是想點一份炒飯，在看菜單時卻傷透腦筋。菜單上密密麻麻地羅列了一大串炒飯的名字，有番茄雞蛋炒飯、木耳青椒雞蛋炒飯、番茄青椒雞蛋炒飯

等等。食材就幾種，卻做成了好多種組合。

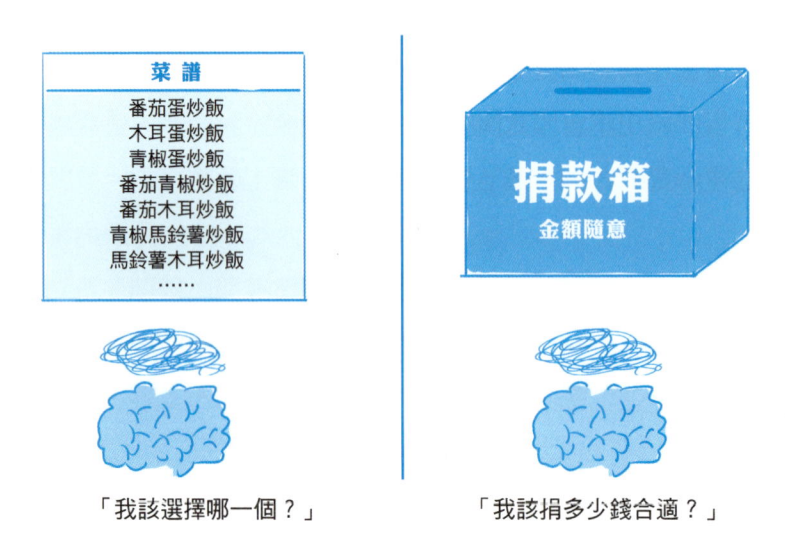

菜譜
番茄蛋炒飯
木耳蛋炒飯
青椒蛋炒飯
番茄青椒炒飯
番茄木耳炒飯
青椒馬鈴薯炒飯
馬鈴薯木耳炒飯
……

捐款箱
金額隨意

「我該選擇哪一個？」　　　　「我該捐多少錢合適？」

　　提供過多差異性不大的選項會讓大腦負責決策和情緒控制的部門直接當機，不知所措。隨後，李靖在清華大學研究所的一次捐款活動中又發現了一個有趣的現象：組織者原本希望尊重每個人的捐款意願，所以並沒有規定具體的捐款金額，想要捐多少都可以，可宣傳一番之後發現捐款的人寥寥無幾。難道學生們缺乏同理心，對這類慈善活動不感興趣嗎？

　　其實並不是這樣的。當李靖將捐款金額定為10元，再次宣傳之後結果大不相同。很多學生不僅慷慨解囊，甚至還主動幫忙宣傳。

沒有明確的捐款金額，全看個人意願，這會讓很多人傷腦筋。想捐得多一些，可自己也是學生，有心無力；捐得少了又怕被別人笑話。沒有參考標準，就容易讓人陷入決策癱瘓，無法在當下做出決定，最後很可能不了了之，因此這場慈善活動遇冷並不意外。但當把捐款金額固定為10元時，留給學生需要進行決策的因素就減少了很多，自然能夠更快地做出決定。經過這一系列的觀察和經歷的連結，當初無意中接觸到的決策癱瘓概念就被我們銘記於心了。

　　又如，我們新接觸到一個心理學概念叫「暈輪效應」，它是指在人際交往中人們容易以點帶面、以偏概全，從而造成認知上的偏差和障礙。具體體現在以下三個方面：①人們僅僅抓住了事物的個別特徵，卻容易傾向於將個別推及整體，以點帶面，牽強附會地以此推論出其他特徵。即覺得某種特質好，就會認為它的其他特質也很好；覺得某種特質不好，也會自然認為它還有很多其他不好的地方。②人們容易受外在特徵的影響，而將其和「八竿子打不著」的內在品質聯繫到一起。③人們對某人或某物的看法會在潛移默化中帶有主觀偏見，而這些偏見也會影響對其相關事物的判斷。

　　知道這個概念的意思還遠遠不夠，我們需要主動出擊，想方設法地為其創造更多的連結。具體該如何做呢？

方法一：主動尋找、收集和知識點相關的故事案例

知識是抽象的。概念講解得再詳細，大腦對它的理解程度都是有限的！

案例是具象的，將知識點聯繫實際案例，可以有效提高理解深度！

　　我們可以透過在生活中細緻地觀察、有目的性地搜索案例等方式將「冷冰冰」的知識點和具體的案例場景結合到一起，這樣理解起來更容易、更深刻。

　　比如，女生在追劇時很容易將男主角的「角色光環」代入現實生活中。因為男演員飾演的角色具有忠誠、專一的特質，所以她們會下意識地認為這位男演員在現實生活中也具備同樣的品質。因而男演員在與女演員拍合照時一個「紳士手」的舉動也會被粉絲無限放大，由此推論出他一定是個紳士，是個私德不錯的人。這就是暈輪效應的第一個特點──以點帶面，以偏概全。

日本的某檔電視節目做過一次街頭實驗。實驗的主角是一位年輕女孩，她的任務是在不修邊幅和化妝兩種情況下向陌生人求助借錢。結果這個女孩在素顏甚至有些邋遢的情況下，即便很可憐地向陌生人求助，也沒有任何人願意幫助她。可當她化妝之後，依舊是之前的衣服，之前的地點，求助成功率卻直線上升，絕大多數人都爽快地借給她錢了。

一個良好的形象不僅能給人留下英俊、漂亮的印象，還會讓人覺得你很愛乾淨、心地善良、聰明、值得信任。而一個不修邊幅、邋裡邋遢的人，人們就會認為你不精神、不陽光、不整潔、沒有氣質和魅力。這就是暈輪效應的第二個特點──單純地透過外在特徵進行武斷的推論，以貌取人。

《韓非子・說難篇》中講述了彌子瑕失寵的故事。彌子瑕年輕時容貌俊美，很受衛靈公寵愛。一次，彌子瑕得知母親生了重病，心急如焚的他假傳衛靈公的旨令讓車夫駕著君主的馬車載他回家。當時衛國的法令是，倘若有人私自乘駕君王的馬車，會被判以刖刑（砍斷雙腳的刑罰）。但衛靈公知道這件事情後並沒有生氣，反而誇獎了彌子瑕，覺得他為了關心母親的身體而不顧個人安危，是個孝順且勇敢的人。

又有一次，彌子瑕陪衛靈公到果園遊玩，他看見果樹上結滿了又大又紅的蜜桃，隨手就摘下一個吃了起來，吃到一半才想起身邊的衛靈公，於是把剩下的半個桃子遞給了衛靈公。衛

靈公也不嫌棄,將剩下的半個桃子吃得乾乾淨淨。在當時的隨從看來,彌子瑕的行為簡直是對君主的大不敬,可衛靈公卻並不介意,反而覺得彌子瑕強忍著饞意將桃子讓給自己,這才是真的敬愛自己!

多年後,年老色衰的彌子瑕在衛靈公面前失了寵,衛靈公連同多年前彌子瑕私駕王車、餘桃啖君等事情一併追究。這是暈輪效應的第三個特點——要麼愛屋及烏,要麼惡其餘胥。

在多個故事案例的幫助下,原本抽象的知識點就變得生動、形象起來,記憶效果自然有所提升。

方法二:主動利用知識點去解決不同領域的具體問題

提升學習效果最有效的方法就是主動使用知識,越用才能理解得越透徹、記得越深刻。

我想起上大學時一次有趣的兼職經歷。那時,我和幾個室友利用課餘時間給一家美容機構做宣傳,可還沒熬過試用期老闆就宣布「破產」了,因為沒錢給我們發工資,所以就將店裡的幾箱面膜給了我們。為了不浪費這麼多面膜,我們在校園內擺起了地攤,一見到路過的女同學就熱情地宣傳,一天下來嘴皮子都快磨破了卻只賣了兩盒,還是靠著友情「強買強賣」的。

第二天我們改變了戰術,找來班上長得高大帥氣的男生幫

忙推廣面膜，推廣話術和之前差不多。你可別小瞧這一轉變，昨天滯銷的面膜今天卻成了搶手貨，銷量直接翻了好幾倍。

這個案例就是暈輪效應在行銷領域中的具體應用。高大帥氣的男生具有較好的外形特點，在暈輪效應的作用下，會讓人覺得他還具備其他優秀的品質，比如真誠、聰明、善良，因此顧客在面對推廣時就更有耐心傾聽，更願意相信。

除此之外，我們可以思考一下暈輪效應還能運用在哪些方面，比如人際交往、戀愛婚姻、面試求職等等。知識存在的意義就是為我們答疑解惑，解決痛點。你可以收集不同領域中的具體問題，然後試著用剛學到的知識去解決，將知識的輸入與行動上的輸出相結合才是真正的學會！

方法三：以該知識點為索引，連結更多相關知識點

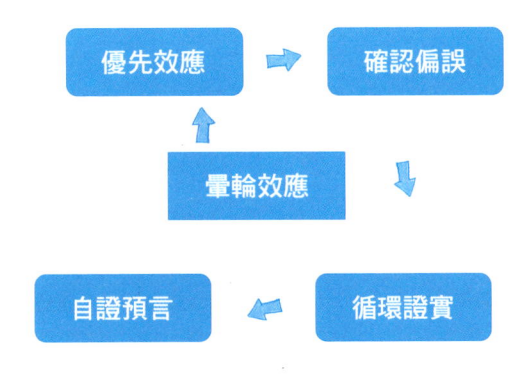

以一個知識點為線索，爭取連結到更多相關知識點。

當接觸到一個新的知識點時，可以將其作為一個切入點，去尋找更多與其相關的知識點。暈輪效應是指人們容易將事物的個別特徵放大，並持續受其影響。那麼，和它相關的心理學效應還有哪些呢？

　　比如優先效應。它是由美國心理學家洛欽斯提出的，指人們在交往過程中的第一印象也許並不是真實的，但卻是最為深刻的，佔據著主導地位，之後的認知感受往往都會由此出發，先入為主，較難改變。

　　也許有人會說：「這只是最初的看法，等到深入交往後自然會有更加準確的判斷。」其實我們高估了自己大腦的理性程度。在優先效應的影響下，我們往往已經給對方貼上了標籤，陷入證實偏差的認知狀態，即便日後有更進一步的接觸，也會習慣性地將新的資訊進行重新加工，留下那些支持之前結論的，而忽視那些違背第一印象的資訊。將事物標籤化的確是一條節省思考的認知「捷徑」，但如果將其絕對化、隨意化，就會因認知偏差而造成不同程度的損失。

　　這樣我們就又連結到了一個新的知識點──證實偏差。它是指人們更傾向於無視和自己觀念相悖的資訊，然後刻意去尋找、收集支持自己觀點的證據。《潛意識》的作者列納德·蒙洛迪諾說：「人在做判斷時有兩種機制，一種是科學家機制，先有證據再下結論；另一種是律師機制，先有結論再去尋找證

據。」而大部分人都屬於後者。證實偏差會讓人們固執己見，活在自己的世界中。因為只相信自己願意相信的，對於那些挑戰原有觀念的資訊則會選擇性忽視，甚至抨擊。

一直戴著「有色眼鏡」去尋找內心認同的資訊，不僅會讓自己所處的資訊世界越來越封閉，還會陷入循環論證之中，導致偏見越來越深。比如，疑鄰盜斧的故事告訴我們，當你用一雙帶有成見的眼睛去觀察身邊的人、事、物時，必然會在不知不覺中歪曲原貌，越看越覺得可疑，時間一長，對方也會有所排斥和戒備，而對方的這種反應又會成為支持你當初觀點的證據。一方的認知偏差同時也導致了對方的偏差，反過來又加強了認知偏差的程度，如此循環往復，就會在誤解中越走越遠。

和迴圈證實類似的心理學效應叫自證預言，它是指人們會在不知不覺中根據個人的期望，按照已知的「預言」做出相應的思考和行動，最終使得「預言」成真。當你期待一件好事發生時，注意力就會不自覺地放到與其相關的正面資訊上，而思考又是一種連鎖反應，於是你便身處於和該期望相關的、正面的資訊環境當中，這不僅能讓你得到更多有價值的線索，還能讓你在心態和執行上都變得積極起來，這樣做事的成功率自然會變得更高。反之，如果你經常害怕某件壞事發生，則會一直傾向於關注與其相關的負面資訊，越關注越悲觀、消極，壞事找上門的機率也就越高。

我們將暈輪效應作為切入點，又引申出了優先效應、證實偏差、迴圈證實和自證預言，從而形成了一張更大的知識網，連結的知識點更豐富，彼此之間的聯繫更緊密，而這些相關的資訊點都會成為你提取記憶的線索。在每次遇到相似的案例、相關的知識點時，就能自動喚醒記憶，從而加深印象。這就比一遍遍機械地、孤立地重複知識概念來理解和記憶的效果好得多。

第六節

訓練你的記憶力四：
將知識點代入具體的情景，並將其視覺化

我小時候看過一部電影《甜心先生》，劇中有個告白的場景讓我印象深刻。男主角眼含熱淚地對女主角深情地說：「I love you.You complete me.（我愛妳，是妳讓我變得完整。）」那時我剛學英語，complete這個單字對我來說絕對是「地獄級」的生詞，但這個單字卻深深刻印在我的腦海裡，從未忘記。

那時我背單字的方式大都是死記硬背式的重複，挨個字母讀一遍，然後再唸一遍中文解釋，就這樣一直重複，直到硬生生地強迫自己記住。可為何如此「複雜」的單字我看一遍就記住了呢？因為我將「complete」這個單字代入了男主角深情告

白的場景。沉浸式的情景體驗可以更好地刺激感官系統，使得原本費力氣的背誦變得自然而然。每當看到這個單字，我都會不由自主地想到男女主角深情對視的場景，還有那句經典台詞「You complete me」。

我們在背誦知識點時千萬不要為了省事而進行抽象式記憶。我們可以先圍繞該知識點構建或尋找一個較為生動、形象的情景畫面，然後將該知識點植入其中，在畫面、故事以及感情的幫助下，原本枯燥的知識點就有了生命力，背誦就變得輕鬆起來。

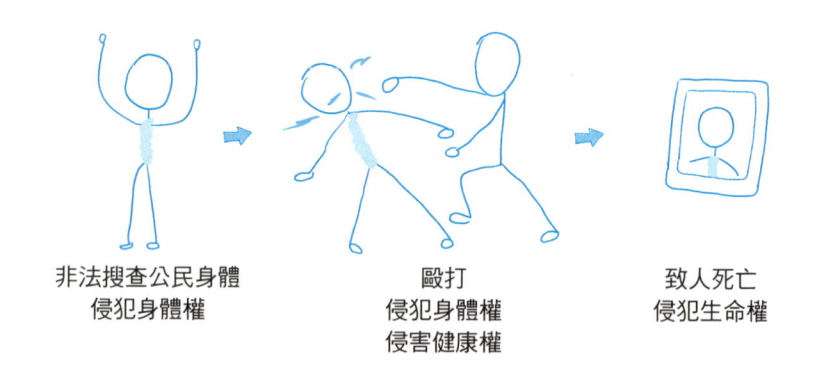

非法搜查公民身體
侵犯身體權

毆打
侵犯身體權
侵害健康權

致人死亡
侵犯生命權

比如，人身損害中包括侵害生命權、身體完整權和健康權等。如何快速記住這個知識點呢？

可以想像這樣一個場景：一位大叔逛超市時被保全誤認為是小偷，要求對其進行搜身檢查，大叔果斷拒絕，雙方由此發

生爭執。幾名超市保全強行對大叔進行了搜身和毆打，導致大叔受傷，送醫後不治身亡。當時你正在結帳，恰好目睹了這一切。

保安因為懷疑大叔盜竊超市商品而強行搜身檢查屬於非法搜查公民身體，是一種侵犯身體完整權的行為。搜查過程中因為大叔的反抗而對其進行毆打，既侵害了身體完整權，也侵害了健康權。最終導致大叔送醫不治身亡，這又侵犯了他人的生命權。這樣一個場景就能使你輕鬆記住「生命權、身體完整權和健康權」。

使用場景化記憶有一個很關鍵的因素，就是在構建畫面時要想方設法地讓自己的情緒有所波動，越有情緒感染力的畫面記憶效果越好。本節開頭舉例的「帥氣男主角深情告白」的畫面會讓我們很感動，並對這種愛情產生嚮往；「超市保全無理搜查、毆打大叔」的畫面會讓我們感覺到很憤怒，繼而對大叔的遭遇感到同情，這些都是情緒上的刺激。

如果你在使用場景化記憶時並沒有讓自己產生喜怒哀樂等情緒變化，只是單純地用平淡的畫面將知識點串聯起來，效果則會大打折扣。你甚至會發現，自己不僅記不住知識點，還得花費時間去記憶那個畫面，而這也就失去了場景化記憶的意義。

第七節
訓練你的記憶力五：
用諧音讓新知識變得有趣起來

諧音記憶法指的是利用和原文內容讀音相同或相似的詞語來聯繫知識點進行記憶的方法。它的妙處在於：一是可以用熟悉的詞彙記憶新知識，減少陌生感；二是可以讓原本枯燥、難記的知識變得有趣起來。

比如，戰國時期最強大的七個諸侯國分別為秦國、楚國、燕國、韓國、趙國、魏國、齊國。用諧音法背誦的話就非常簡單了，我們可以直接整理成「青豬嚴寒找圍棋（秦楚燕韓趙魏齊）」。

豬、嚴寒、圍棋等詞彙都是我們日常很熟悉的，組合起來之後還構建出了一幅很有趣的畫面：一頭青色的豬在嚴寒之中四處尋找一副圍棋。多麼好笑的場景啊！

	秦	
楚	燕	韓
趙	魏	齊

青豬嚴寒找圍棋

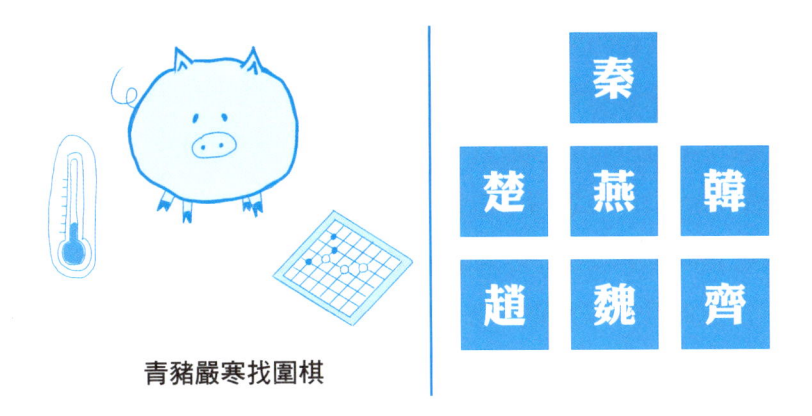

讀到此處的你是不是也被這個諧音法給逗笑了呢？但當你閉上眼睛回想一下戰國七雄有哪些，是不是一下子就背出來了？這就是諧音記憶法的厲害之處，嬉笑之間就將知識點拿下了。

我之前看過一篇講上古八大姓氏的文章。上古八大姓分別為：姬（jī）、姜（jiāng）、姚（yáo）、嬴（yíng）、姒（sì）、妘（yún）、媯（guī）、姞（jí）。其他字的讀音都很簡單，但「媯」這個字的讀音卻很難記，我經常將其誤讀成「wěi」。於是我在網上查找了關於「媯」的資料。鄭樵撰寫的《通志·氏族略》中是這樣記載的：「虞有兩姓，曰姚曰媯。因姚墟之生而姓姚，因媯水之居而姓媯。故姚恢改姓為媯，而媯皓又改姓為姚，知姚與媯可通。」在山西省西南部有一條小河向西流入黃河，名為媯水。

看來㶸這個字和水很有緣分呢，於是我在㶸的旁邊標註了一個「龜」字，生怕記得不深刻，還在旁邊畫了一隻小烏龜。以後再看到這個字時，我就不由自主地聯想到一隻趴在水裡的小烏龜，從此再也沒有忘記「㶸」字的讀音。

我從小就喜歡文科，一學數、理、化就忍不住打瞌睡。想當年背誦元素週期表時更是百般波折，真的是背了又忘，忘了又背。只要一看到課本上的「氫、氦、鋰、鈹、硼、碳、氮、氧、氟、氖、鈉、鎂、鋁、硅（台譯為「矽」）、磷、硫、氯、氬、鉀、鈣」，我的上眼皮就和下眼皮開始打架了，感覺大腦都鏽住了。當時老師建議我們用順口溜的方式來記憶，即「氫氦鋰鈹硼，碳氮氧氟氖，鈉鎂鋁矽磷，硫氯氬鉀鈣。」可即便如此我還是記不住。

最終將我從苦海中拯救出來的正是諧音記憶法。我是這樣來記憶的：

青海裡，皮篷談單羊服奶

| 氫 | 氦 | 鋰 | 鈹 | 硼 |
| 碳 | 氮 | 氧 | 氟 | 氖 |

將整個元素週期表分為兩句，第一句為「氫、氦、鋰、鈹、硼、碳、氮、氧、氟、氖」，我在後面標註「青海裡，皮篷談單羊服奶」（在青海裡面，有個皮做的帳篷，商人們在裡面談生意，訂單是羊、衣服和牛奶）。

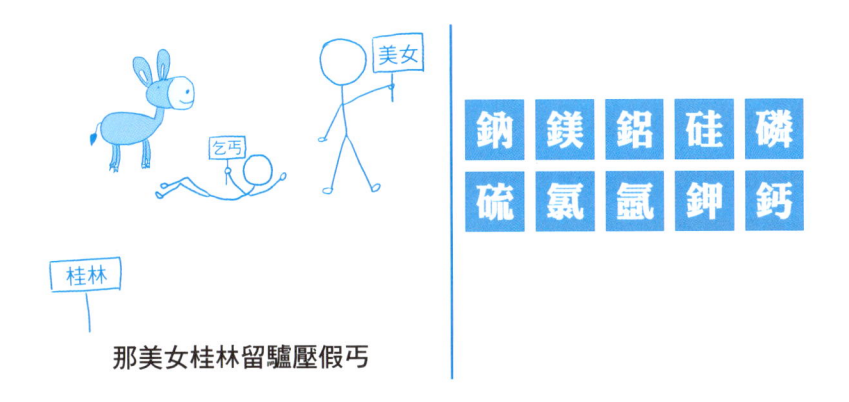

那美女桂林留驢壓假丐

第二句為「鈉、鎂、鋁、硅、磷、硫、氯、氬、鉀、鈣」，我在後面標註「那美女桂林留驢壓假丐」（那個美女在桂林留下了一頭驢，因為她騎驢壓到了一個假乞丐）。

讀到這裡你可能會哈哈大笑，覺得我這招著實有些幼稚可笑。可是經過這樣一加工，之前折磨我很久的元素週期表就輕鬆刻印在我的腦袋裡了，讀了一兩遍就記住了。這就是諧音記憶法的優勢。

用諧音記憶法加工原知識點時不用在意邏輯，也不用擔心用諧音改造之後是否會顛覆原來的語意。要大膽地用諧音字去

代替原文,將原本乏味、枯燥、繁瑣的知識變得簡單、有趣且極具畫面感,這樣就能把知識點的難度降低,記憶的效率自然就提升了。

不過也有很多朋友覺得諧音記憶法上不了檯面,尤其是用它背誦英語單字,總覺得這是旁門左道。

比如,pregnant的意思是「懷孕的」。如果我們用詞根、詞綴的記憶方法來背誦的話,就要先拆解這個單字。pre指的是「在……前、預先」,gn指的是「出生、生產」,ant是一個形容詞尾碼。這樣一分析,pregnant的語音、語義和拼寫就都弄懂了。

當然,我們也可以用諧音記憶法來背誦這個單字,pregnant的諧音就是「撲來個男的」。兩個方法對比,用諧音來記單字勝在簡單有趣,即便是基礎很差甚至是對英語提不起興趣的人,在用諧音讀幾遍之後也能將它的意思記住。

又如,relics的意思是「遺物、遺跡」,用諧音記憶的話就可以替換為「蕊立刻死」,死了的東西自然就成了遺物、遺跡。「pest」的意思是「害蟲,討厭的人或物」,可以記為「拍死牠」,既然是害蟲,自然要拍死牠。

由此可以看出,每種記憶方法都不是完美的,都有其局限性及適用範圍。我們總結記憶技巧的目的只有一個,就是透過這些方法來幫助自己更快地記憶知識。方法與方法之間是沒有

高低之分的,畢竟每個人的情況、習慣以及記憶的知識特點並不完全相同。總之一句話,「不管白貓黑貓,能捉到耗子的就是好貓」。

第八節
訓練你的記憶力六：
用思維導圖將複雜的資訊整理成知識網路

去年我在粉絲群舉辦了一場小型的閱讀打卡活動，其中一條活動規則是要求參加者在閱讀完一本書後能夠將所學到的知識點總結出來並背誦。可能有人會對此產生質疑，覺得這都什麼年代了，成年人讀書為什麼還要像小孩子那樣去總結，強迫記憶呢？

之所以設定這個規則，是因為我在平時和讀者交流時發現，很多人看書僅僅停留在瀏覽上，他們的閱讀只能用消極、被動來形容，對自己的要求也只是看懂作者在講什麼而已。「消極式讀書」成了很多人閱讀的常態。我設計這個「強迫總結和記憶」的規則是希望參與活動的粉絲能夠打破這種「消極

閱讀，表面思考」的懶惰慣性。畢竟大多數人讀書不只是為了拍照發朋友圈打造人設，而是為了從書籍中汲取營養，幫助自己成長。因此，重建一個積極的讀書態度是非常有必要的。

這場活動結束之後我收到了一些粉絲的私訊，其中一部分私訊反映了他們在背誦時遇到的問題，而這些問題竟然出奇地一致，都是閱讀時感覺特別有收穫，讀完整本書之後卻感覺腦袋憷憷的，好像失憶了。

看一遍就行！

「我知道意思了」 覺得看懂了就是記住了

為什麼學完東西卻總是記不住？

日常學習中有兩個常見的問題會導致我們記憶效率降低。一是太懶了。任何記憶方法和工具都是建立在重複之上的，並不是說你學會某個記憶技巧後就有如金庸筆下的馮衡，擁有了過目不忘的本領，翻看一遍就能將知識熟記於心。因為懶得重複，所以對技巧和工具產生了不切實際的幻想，導致自己一直在勤奮地尋找技巧，卻懶得付出努力。二是對自己大腦的資訊

儲存能力過於自信。每每看書時都會有一種「作者這段講得太好了，對我很有用」的感覺，覺得自己記住了，但第二天回憶時大腦卻空空如也。這時你會感到很挫敗，明明昨天已經記住了，為什麼一覺醒來之後又都忘了呢？其實你大可不必自我苛責。因為你在閱讀時的那些感覺都來自理解資訊這一層面，表示你已經看懂了文章的意思，但距離記憶還有很長的一段距離。

而且大腦在閱讀時短暫接收的資訊量是很大的，作者要想將一個知識點講清楚，必定會從概念講到原理，從應用講到案例等等。但問題是，如此龐大的資訊量並非每一句話都是重點，裡面有大量的語句都是「配角」，盲目地無差別記憶反而會給大腦增加負擔。正確的做法是學會主動給大腦「減負」，歸納關鍵的內容要點，利用思維導圖將其整理成知識網路。一旦明確了記憶的重點，大腦就不再暈頭轉向了。

思維導圖是一種實用、簡單、高效的思維工具，它用一個中心主題關鍵字以輻射線連接各級主題，可以快速清晰地整理思路。

舉個例子。請先閱讀下面這段材料，並劃出內容重點，做好筆記。

一個合格的蜂群部落通常由一隻蜂王、少量雄蜂和大量工

蜂組成。蜂王雖然被稱為「王」，但牠實際上並不是蜂群的領導者，牠是蜂群中唯一生殖器官發育完全的雌蜂，也叫蜂后。牠的分工是終生產卵，擔負著繁衍後代的重任。蜂群內的雄蜂、工蜂和新的蜂王都是由牠產卵發育而成的。蜂王的壽命長、個體大，體重是工蜂的兩倍。工蜂就像蜂王的侍從一樣，每天都會圍在蜂王身旁飼餵蜂王漿、清理垃圾，以保證蜂王旺盛的產卵能力。一隻蜂王可以在一天內產出800~1,300粒卵。蜂王自身會分泌出一種特有的蜂王信息素，工蜂從蜂王的體表獲取這種物質後，透過互相飼餵的方式傳遞到整個蜂群。這種物質的作用是抑制工蜂的卵巢發育並吸引工蜂形成飼餵圈，通俗地講就是向整個蜂群傳達蜂群繁衍正常的信號，用於穩定「軍心」。

雄蜂是由未受精卵發育而成，專職任務是與蜂王交配，不能採集花粉，平時一般不出巢。當交配季節來臨時，發育成熟的雄蜂就會在空中飛舞「炫技」，以吸引蜂王的注意。當蜂王出現時，雄蜂就會一哄而上，爭搶和蜂王的交配權，然而只有最強壯的雄蜂才能與蜂王進行交配。交配一結束，雄蜂的生殖器官就會被全部拉下來，而牠也會墜落到地面，孤獨地等待死亡。緊接著下一隻雄蜂又會追上蜂王，移除掉上一隻雄蜂折斷的尾部，再與蜂王進行交配。對於雄蜂來說，交配就意味著死亡。

工蜂是生殖器官發育不完善的雌蜂，個體要比蜂王和雄蜂小，但數量龐大，是蜂群中最主要的種類。根據年齡的不同，工蜂可以分為保育蜂、築巢蜂和採蜜蜂。保育蜂是蜂群中的「保姆」，專職調製蜜粉、飼養並照顧幼蜂、清理巢房，以及負責巢內通風、散熱和保溫等工作。隨著年紀的增長，保育蜂開始進行短距離的離巢飛行，蠟腺也開始分泌蜂蠟，此時保育蜂就長成了築巢蜂。築巢蜂是羽化了10~20天的年輕工蜂，牠們負責築巢、守巢、釀製蜂蜜等工作。羽化20天以上的工蜂進入壯年時期，成為採蜜蜂，負責採集花蜜、花粉、樹膠和無機鹽等。老年的工蜂還會負責尋找蜜粉源和採水的工作。

讀完之後可以觀察一下自己勾劃的內容重點，看看是否踩了如下幾條紅線。

「螢光筆不要錢」型
每頁都是重點

「書記員」型
將文字從書中搬運到筆記本中

「知識百科」型
兩句重點能延伸出
一摞知識點

「差生文具多」型
記筆記成了設計大賽

「大腦印刷術」型
寫完就覺得自己記住了

五種錯誤的記筆記方式

(1)劃重點時整句整句勾劃，滿滿一大段都是螢光筆的痕跡。
(2)記錄筆記時大段照抄，將知識點從書上謄寫到筆記本上。
(3)盲目追求知識的全面性，筆記上都是密密麻麻的延伸拓展知識點，就像一本知識百科大全，不求最好，但求最多。
(4)過於看重筆記的美觀，不僅要設計排版和配色，還要加上手繪圖案，花費太多時間來裝飾，屬於「中看不中用」型。
(5)做了筆記之後就覺得自己記住了，很少再去翻看複習。

其中前兩條屬於沒有內化知識、提取關鍵資訊，覺得課本上的每句話都是重要的考試重點，少了哪一句都覺得不安心，生怕影響理解和記憶的效果。但大段地勾劃重點反而將關鍵資訊模糊掉了，讓大腦迷失在一段段彩色字體之中。更重要的是，這種記筆記的方式會讓我們歸納、總結與抓出重點的能力越來越差，最終扯了整個學習的後腿。

我的建議是：

第一步：資訊過濾，只勾劃重點關鍵字

每一段的關鍵字歸納都要精準簡練。就拿上述材料舉例，第一段可勾劃的關鍵字是「蜂王」「雄蜂」「工蜂」；第二段可勾劃的關鍵字是「唯一」「發育完全」「雌蜂」「終生產卵」「穩定『軍心』」；第三段可勾劃的關鍵字是「未受精卵」「交配」；第四段可勾劃的關鍵字是「發育不完善」「雌蜂」「保育蜂」「築巢蜂」「採蜜蜂」。

第二步：簡單分類歸納

將勾劃出的關鍵字進行簡單分類。比如，「唯一」「發育完全」「雌蜂」這三個關鍵字是在描述蜂王的生理特點，「終生產卵」「穩定『軍心』」是蜂王的功能職責。

第三步：根據歸納的類別將上述關鍵字組合成思維導圖

透過將關鍵字進行分類可以形成內容標籤，增強知識之間的邏輯性，然後就可以按照類別組合成思維導圖，將關鍵字填入相應的位置。如右圖。

如果採用大段勾劃的方式來做筆記，記錄的重點又多又長，在記憶時就只能生硬地重複一個個句子，忽視了知識點之

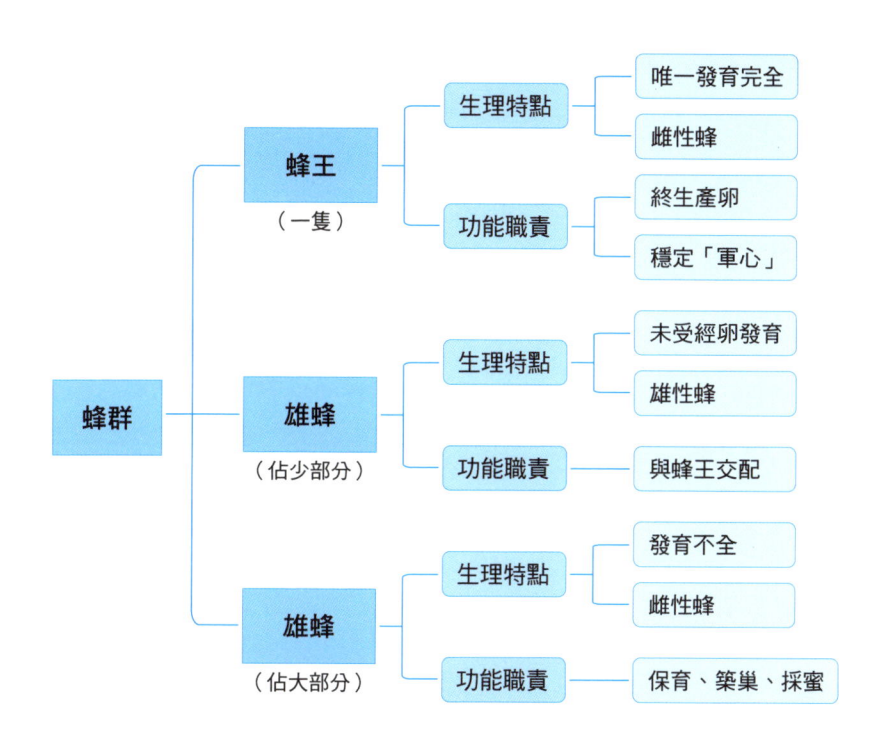

```
蜂群 ─┬─ 蜂王（一隻）─┬─ 生理特點 ─┬─ 唯一發育完全
      │              │           └─ 雌性蜂
      │              └─ 功能職責 ─┬─ 終生產卵
      │                          └─ 穩定「軍心」
      ├─ 雄蜂（佔少部分）─┬─ 生理特點 ─┬─ 未受經卵發育
      │                  │           └─ 雄性蜂
      │                  └─ 功能職責 ── 與蜂王交配
      └─ 雄蜂（佔大部分）─┬─ 生理特點 ─┬─ 發育不全
                         │           └─ 雌性蜂
                         └─ 功能職責 ── 保育、築巢、採蜜
```

間的聯繫，不僅浪費時間，還影響知識的理解效果。近九百字的材料，用一張簡潔的思維導圖就能將重點梳理出來，一目了然，不管是背誦還是日後複習，都能幫助大腦快速整理思路。大腦最害怕的就是繁瑣雜亂的資訊了，只要給它呈現的是有條理的資訊框架，它的記憶潛能就能立刻被激發出來。

　　需要提醒的是，使用思維導圖的重點是在學習時能夠主動思考、提煉、歸納和總結。你在這方面越主動，你的學習效果就會越好。但在具體使用過程中有如下三個誤區：

誤區1：認為思維導圖畫得越漂亮，記憶效果越好

　　網路上關於這方面的培訓照片會將思維導圖做成手繪的樣式，明明寫兩個字就行，非要花10分鐘畫一個手繪圖標。精緻的思維導圖的確很漂亮，但也容易給人們造成誤導：畫思維導圖是不是一定要會手繪呢？思維導圖製作得越精美，越吸引人，記憶效果就越好嗎？我是「手殘黨」，是不是就不能使用思維導圖這個工具呢？製作思維導圖非得會畫畫嗎？

　　對此我的答案是：繪製思維導圖越簡單、越清晰，效果越好。你畫的思維導圖是給自己看的，只要將關鍵字準確歸納，關係梳理到位即可。要點清晰，刪繁就簡，使用方便才是關鍵。

　　有的人會花費很多時間去裝飾思維導圖，每一張圖片都做得很精美。當然，如果是為了畫好圖後發朋友圈多得幾個讚的話，你可以這樣做。但如果僅僅是為了學習，大可不必如此大費周章。你對知識的理解和記憶與你畫思維導圖時用了幾根彩筆、幾張貼畫、幾種構圖並沒有太大關係，你的學習興趣也並不會因為思維導圖好看一些就被輕鬆調動起來。一味地花費時間去研究到底用什麼軟體或貼畫是本末倒置，浪費時間。

誤區2：認為做了思維導圖後大腦就將知識都記住了

　　有的人會將思維導圖的作用過於誇大，讓很多初學者以

為，只要做了思維導圖，知識點就能刻印在腦海裡。在我看來，思維導圖只是一個整理思路，將資訊結構化的工具。這就好比你打開了臥室的衣櫃，不同季節、不同顏色、不同款式的衣服雜亂地放在一起，你能一眼看出裡面一共有多少件T恤嗎？你能馬上找到自己需要的那件紅黑格子連衣裙嗎？但如果你願意花費一些時間將裡面亂七八糟的衣服都拿出來，按照顏色、季節、場合、款式等標籤分門別類重新收納，這樣日後再打開衣櫃找衣服時就不會頭昏腦脹，毫無頭緒了。

思維導圖並不是萬能的，它只是將大段的資訊結構化。一邊學習一邊在大腦中理解、歸納、梳理，然後製作成一張導圖，這樣學習和記憶時思路就會更加清晰，不會一頭霧水。製作導圖也是腦力輸出的一種，因此這也是一個內化、輸出的過程。有了它，可以加強效果、提高效率，但同樣需要定期回顧與複習，需要付出的努力一點也省不了。

誤區3：認為可以直接購買學霸做的思維導圖，省去自己做筆記的環節

有人認為，既然用思維導圖整理筆記有助於提高記憶效率，那麼直接買現成的導圖筆記不就得了？網上資源那麼多，花錢就能搞定，還省去了自己做筆記的環節，這樣豈不是更高效？

也有人認為，學霸整理出來的思維導圖肯定比自己做的好，直接按照他們的導圖筆記去記憶肯定比背誦自己的更有效果。

其實以上兩種觀點都是不妥的。製作思維導圖是一個將知識進行主動內化，強迫輸出的過程，這也是思維導圖能起作用的關鍵原因。如果省去了這一過程，直接背誦買來的導圖筆記，就相當於跳過了關鍵的核心環節，直接記憶別人整理出來的知識框架，沒有思考、歸納、總結和輸出，只是機械地背誦結果，這樣的學習效果自然是有限的。

學霸的筆記之所以受歡迎，自然是抓住了學生群體的心理需求。有的人純粹是因為懶，有的人則是想尋求心理安慰，還有人是想向學霸取經，看看學霸是如何記筆記的。

不管是出於什麼樣的目的購買學霸筆記，我都強烈建議，在學習時切記要親力親為，先自己整理一份，再打開學霸的筆記，看看他們是如何整合同一章節的知識點的，你可以借鑑思考、查漏補缺，但千萬不要抱著圖省事、照搬的心態使用，那真的是自作聰明，自毀學習能力。

那麼，我們應該如何畫思維導圖呢？又有哪些注意事項呢？

第一步：根據學習內容確定中心主題

拿出你想記憶的資料，圈定好學習範圍，通讀之後將中心關鍵字寫在紙上。比如下面這段資料：

商是起源於黃河中下游的一個部落，是中國歷史上第二個奴隸制王朝，也是中國第一個有直接同時期文字記載的王朝。

大約公元前1600年，商部落首領湯於鳴條之戰推翻了夏朝，在亳建立了商朝。前期，商朝國都屢次遷徙，直到商王盤庚遷都到殷之後才穩定下來，因此商朝又被稱為「殷」或「殷商」。約公元前1046年，周武王伐商，經牧野一戰，商朝大敗，末代君主帝辛自焚而亡，商王朝滅亡，周王朝建立。

商朝正值奴隸制鼎盛時期，商王為了鞏固自己的地位，將自己的行為美化為上天的旨意，就連國家大事都會透過占卜來決定，瀰漫著神權色彩。

商朝推行的是二元統治體制，即內外服制度。內服指的是由商王直接控制的王畿地區，大致是如今以河南為中心的中原地區；外服指的是商王間接控制的眾多方國和部落。商王是內外服聯盟的首領，與各個附屬國是支配與被支配的關係，但這會以中央力量的強弱為轉移。實際上，商王對附屬國的控制是極其有限的，附屬國基本保持著原有的社會結構，有很大的自主權，甚至有的附屬國還經常與商發生戰爭。

通讀之後我們知道這段文字主要是講解商朝的。那麼，商朝這個關鍵字就是接下來要畫的思維導圖的中心主題了。

第二步：根據材料內容總結大致的邏輯思路

此時可以快速進行第二遍通讀，歸納這部分材料中一共講解了哪幾個要點。比如，第一段講的是商朝的概述；第二段講的是商朝的建立、遷都和滅亡；第三段、第四段講的是商朝的政治特點。這樣，這段文字的邏輯框架就被整理出來了，其中每個要點都是該導圖的一個分支主題。

第三步：找出關鍵字並進行概括，然後填入相應的分支主題

快速瀏覽每個段落，然後找出關鍵字。需要注意的是，在畫思維導圖時不一定非要將找出的關鍵字完整抄寫下來。導圖的作用是整理和歸納，幫助大腦理清思路，為日後複習提供一個回憶的框架，所以沒必要將課本上的關鍵內容都謄寫在導圖上。只需要概括一下就行，字數越少越好，在複習時起到刺激回憶的作用就足夠了。

比如：上述材料的第一段我們可以用螢光筆先將「黃河中下游」「第二」「第一」這幾個關鍵字勾劃出來。「黃河中下游」是位置，「第二」「第一」是地位。

第二段中我們可以勾劃「西元前1600年」「湯」「鳴條之

商朝

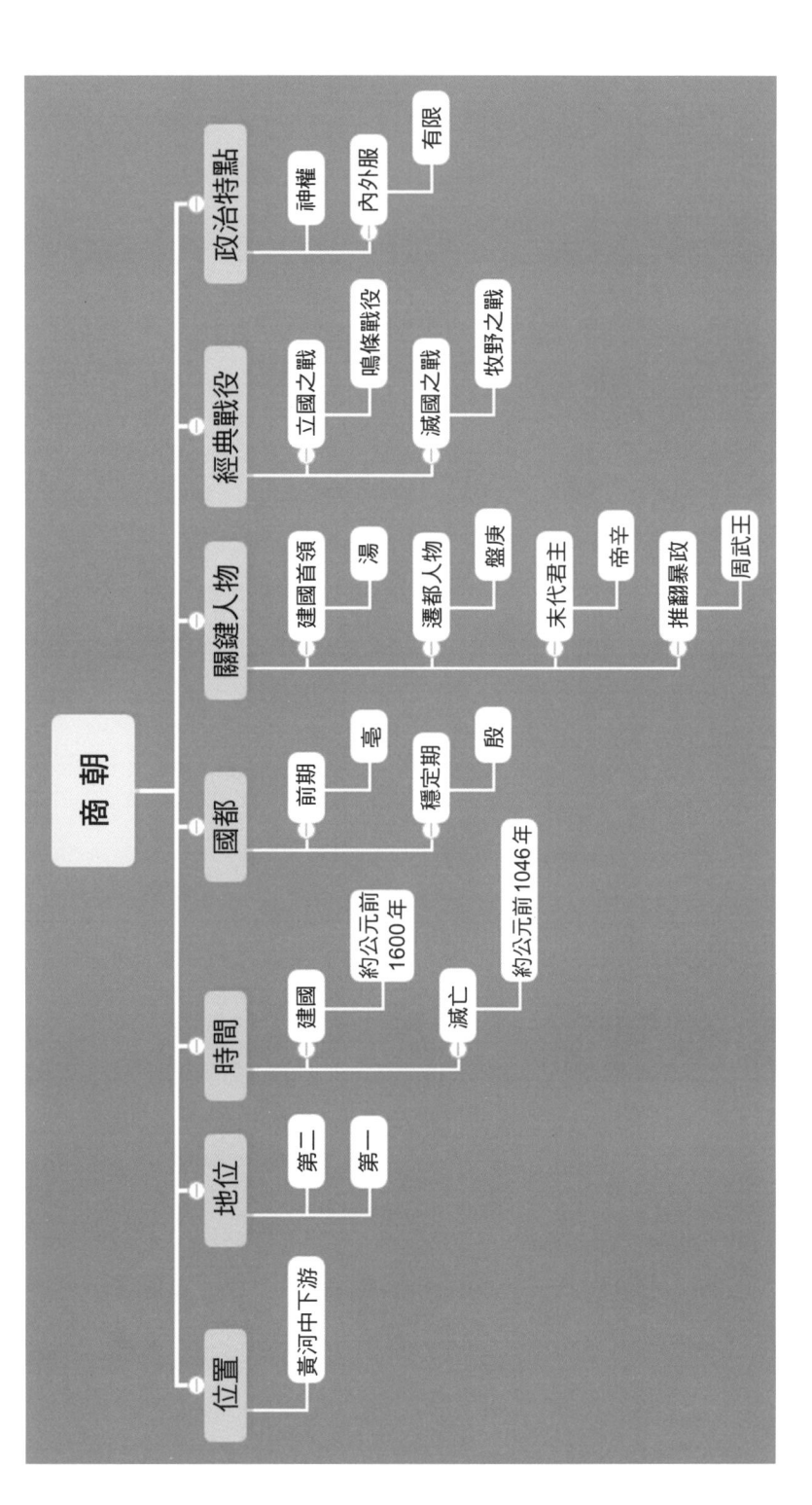

- 位置
  - 黃河中下游
- 地位
  - 第二
  - 第一
- 時間
  - 建國：約公元前1600年
  - 滅亡：約公元前1046年
- 國都
  - 前期：亳
  - 穩定期：殷
- 關鍵人物
  - 建國首領：湯
  - 遷都人物：盤庚
  - 末代君主：帝辛
  - 推翻暴政：周武王
- 經典戰役
  - 立國之戰
    - 鳴條戰役
  - 滅國之戰
    - 牧野之戰
- 政治特點
  - 神權
  - 內外服
  - 有限

戰」「亳」「盤庚」「殷」「西元前1046年」「周武王」「牧野一戰」等關鍵字。其中,「西元前1600年」「湯」「鳴條之戰」「亳」是在講商朝的建立時間、人物、戰役和國都。「盤庚」「殷」在講商朝遷都的人物和地點。「西元前1046年」「周武王」「帝辛」「牧野一戰」講的是商朝滅亡的關鍵人物和戰役。

　　第三段、第四段中我們可以勾劃「神權」「內外服」「有限」這幾個關鍵字。「神權」「內外服」是商朝的兩個政治特點,「有限」則指的是對附屬國的控制有限,是內外服制度的特點。

　　然後把概括的關鍵字寫在分支主題下即可,甚至都不用寫具體的內容。

　　畫好了思維導圖後又該如何使用呢?

1. 嘗試記憶階段

　　照著整理的知識框架結合內容材料去重複要點。

　　比如,在「商朝的概述」這個分支主題下,一個是部落的位置,另一個是商朝的地位。部落的起源位置在哪裡?翻資料時找到的關鍵字是「黃河中下游」。商朝的地位是什麼?一個「第二」,一個「第一」。「第二」是指中國歷史上第二個奴隸制王朝,「第一」是指中國同時期有直接文字記載的第一個王朝。

2. 完成記憶後可以透過自問自答來複習

　　背誦完成之後可以看自己畫的思維導圖，上面除了整理的知識結構和概括的標籤，並沒有課本中的內容。我們可以合上書，對著思維導圖自問自答，一場簡單的「考試」就能檢查出自己哪裡背會了，哪裡還不熟悉。

　　對於還未掌握的部分，可以用鉛筆在思維導圖對應的標籤位置處畫個小「×」，然後等整個「考試」完成之後再去書中查找答案。

　　比如，你在背誦「商朝是中國第一個同時期有直接文字記載的王朝」時，會有「商朝的文字記載是什麼樣的」等疑問，在背誦「盤庚遷都到殷」時，會有「殷在哪裡」等疑問。這些都可以在背誦時做好標記，「考試」完成後統一去課本中查找答案，或是向老師、網路求教。

3. 階段複習時可以在白紙上重新繪製思維導圖進行回憶

　　在階段複習時，我建議將一開始繪製的知識大綱都丟掉，重新在一張紙上畫出更為簡略的導圖，一邊畫，一邊背。就好比你是一位老師，正在幫自己的學生進行複習，於是你在黑板上畫出框架，一邊畫，一邊向學生提問。哪裡會，哪裡不會，哪裡一知半解，一目了然。

第九節
訓練你的記憶力七：
記憶技巧再高超，缺乏科學的複習也是白費勁

　　前面我分享了很多提高記憶效果的小技巧，但要想保證這些小技巧行之有效，還有兩個大前提：①學習者要積極主動地參與到「閱讀──知識內化──歸納整理──輸出」的過程中，參與度越高、越積極，效果就越好。②學習者必須及時複習。複習不及時、回顧的次數不夠，也會影響記憶效果。

　　說起複習，有兩種常見的錯誤複習方式。一種是複習不及時，即當初掌握得很好，卻因沒有乘勝追擊，而漸漸遺忘了；另一種是複習過度，恨不得每天把之前學過的都要再過一遍，導致任務量繁重。

「複習不及時」型
學完一個月後才複習！

「過於勤奮」型
學完每天看八百遍！

關於複習的兩種錯誤認知

科學的複習方法講究的是事半功倍，在必要的時間節點及時回顧即可。此時大家肯定會想到艾賓浩斯遺忘曲線。那該如何利用艾賓浩斯遺忘曲線制定複習計畫呢？

研究人員透過實驗發現，科學合理的複習時間節點分為短期記憶複習週期和長期記憶複習週期。短期記憶的複習週期分為3檔，分別為5分鐘後、30分鐘後、12小時後；長期記憶的複習週期分為5檔，分別為1天後、2天後、4天後、7天後、15天後。

你在複習時可以直接按照以上時間節點回顧背誦即可。舉個例子，大家都背誦過英語單字吧，可能你也有過一邊背誦一邊遺忘的困擾。尤其是背誦的單字多了，都不知道該如何複習。如果全部複習，通常沒有充裕的時間和精力，哪怕偶爾努力完成過一次，下次也會百般拖延，嚴重打擊學習的積極性。但如果不複習，之前背誦過的又都忘了。

假設你要背誦10組單字，每組30個單字，每天完成一組。那麼你該如何運用艾賓浩斯遺忘曲線來制定複習計畫呢？

　　第一天要背誦第一組單字，我們將其標註為A。背完之後，A組單字要在5分鐘後、30分鐘後、12小時後分別複習一次，然後在1天後、2天後、4天後、7天後、15天後再分別複習一次。

　　第二天背誦第二組單字，我們將其標註為B，複習規律和上面一樣，以此類推。我們可以用表格的方式來記錄，這樣就不會亂了。

　　透過這份複習節點表格，我們在什麼時間複習哪組單字就變得一目了然了。就像是課程表一樣，按部就班地去做，不用再掰著手指頭算具體的複習時間。

　　複習時可以提前分好組，確定每日的學習內容，接著用便箋標記好字母。在學習日期一欄寫上具體的時間，然後按照下圖範本所標註的複習節點進行回顧即可，完成一項就打個勾，等整個複習計畫完成後，看著滿滿的小紅勾，心裡成就感滿滿。該範本只計算了10組學習內容的複習節點，如果你的複習內容超過10組，只需在後面的空白格處補充完整即可。

　　肯定會有人問：真的必須嚴格執行複習表格上規定的時間嗎？如果間隔12小時的時間正好是凌晨三點，我也需要爬起來複習嗎？複習的次數太多，學生、上班族時間緊迫，感覺很

第二章 適合普通人的記憶力提升術

學習日期	學習內容	複習內容（長期記憶）	複習時間節點							
			短期記憶複習			長期記憶複習				
			5分	30分	12小時	1天	2天	4天	7天	15天
	A組		A	A	A					
	B組	A	B	B	B	A				
	C組	A+B	C	C	C	B	A			
	D組	B+C	D	D	D	C	B			
	E組	A+C+D	E	E	E	D	C	A		
	F組	B+D+E	F	F	F	E	D	B		
	G組	C+E+F	G	G	G	F	E	C		
	H組	A+D+F+G	H	H	H	G	F	D	A	
	I組	B+E+G+H	I	I	I	H	G	E	B	
	J組	C+F+H+I	J	J	J	I	H	F	C	
		D+G+I+J				J	I	G	D	
		E+H+J					J	H	E	
		F+I						I	F	
		G+J						J	G	
		H							H	
		A+I							I	A
		B+J							J	B
		C								C
		D								D
		E								E
		F								F
		G								G
		H								H
		I								I
		J								J

難落實下去。

我在日常實踐中發現，短期記憶的時間節點沒有必要嚴格執行，可以調整成5分鐘後、1小時後、午睡前、晚上睡覺前複習。

英國約克大學的研究人員發現，如果人在睡前的一段時間內進行過專注的學習，然後馬上去睡覺，這段睡眠對記憶效果有著明顯加強的作用。

瑞士蘇黎世大學和弗里堡大學的研究人員做過這樣一個實驗：他們找來一批母語是德語的學生，把他們分成兩組，一組為「睡眠學習組」，另一組為「清醒學習組」。兩組學生一同學習荷蘭語單字，然後測試學習效果。睡眠學習組的學生完成學習任務後就去睡覺，等他們睡著之後研究人員會繼續在他們耳邊播放所學的荷蘭語單字。清醒學習組的學生則是完成學習任務之後，在清醒的狀態下反覆聽單字。第二天上午的測試成績顯示，睡眠學習組的學生對昨天學習的單字掌握情況更好。當然，實驗也表明，睡著後播放的單字必須是學過的單字，妄想透過睡覺來學習陌生單字的小夥伴可要失望了！

為什麼在睡覺前學習，甚至是睡著後播放學習音訊會提高記憶效果呢？布朗大學、史丹佛大學和凱斯西儲大學組成的科學團隊在兩名志願者的大腦運動皮層中植入了特製的微電極，藉此清晰觀察大腦中神經元的放電活動。研究人員讓兩名志願

者玩一個叫做「西蒙」的記憶測試遊戲,遊戲規則大致是這樣的:螢幕上的四個色塊會按不同的順序點亮,志願者只需按照先前色塊的點亮順序點擊即可。玩了一會兒之後,測試者需要小睡30分鐘,醒來之後繼續。科學家們在分析志願者的神經信號後發現,志願者在玩遊戲和遊戲後睡覺的時間裡,大腦的神經元都重複著相同的放電模式。也就是說,即便睡著了,志願者的大腦依舊在繼續重複著剛才的記憶遊戲,即大腦在清醒時的神經放電模式會在入睡之後繼續「離線重播」,這就解釋了為什麼睡前學習能鞏固記憶。

睡前學習然後去睡覺,此時雖然人睡著了,但大腦依舊在勤奮地工作著。大腦細胞相互傳遞資訊的神經樹突會變得很活躍,促使神經元樹突產生了更多的連結,加強了資訊傳播通道的作用,讓知識在大腦中「重播」,於是更有利於加強記憶效果。而睡著後播放已學過內容音訊的方式也並不是妄想不勞而

學習完馬上睡覺,大腦並沒有「睡著」,而是依舊在進行資訊傳遞

睡前學習可以提高記憶效果

獲，而是在幫助人們喚醒記憶，誘導大腦更好地「重播」剛才學過的知識。

如果你早上背誦了一組單字，那麼就可以在背誦後的大約5分鐘、1小時後各進行一次簡單的測試，然後在午休前、晚上睡覺前再分別進行一次簡單測試，測試之後就去睡覺。第二天早上就可以背誦第二組單字，並進行第一組單字的複習。如果情況允許，你還可以將長期記憶的複習節點設置在睡覺前，這比睡覺前玩手機或躺在那裡胡思亂想要有意義得多。

有的人在複習時過於隨意。他們是這樣做的：將學習資料翻出來讀上幾遍，或是瞇著眼背誦，只要大腦一卡住就立刻打開書看一眼，然後繼續背。這樣的複習方式是很低效的。要想將知識點記得牢固，必須主動增加知識的提取次數。大腦的神經突觸在收到信號刺激之後並不會直接形成新的神經迴路，而是需要反覆刺激多次之後才會建立起較為穩定的連接。這就好比剛下了一場大雪，你深一腳淺一腳地走在厚厚的雪地裡，回頭望去只有一行腳印。但只要來來回回多走幾遍，就能踩出一條路來，這樣下次再走時速度就會更快了。主動增加知識的提取次數能夠加強大腦相關的資訊傳遞，也就記得越深刻，需要用到時也能快速檢索，信手拈來。但要想達到這種水準，不是簡單地重複閱讀就能夠做到的。

認知領域的研究人員做過這樣一個實驗，他們準備了一份

閱讀資料，分別交給三組志願者。要求第一組志願者將資料閱讀10遍；要求第二組志願者閱讀10遍，第二天再讀1遍；要求第三組志願者閱讀10遍，第二天進行一次相關的考試。

哪一組的記憶效果更好呢？最後檢測出第一組的記憶效果最差，第二組較好，第三組最好。由此可以看出，及時複習可以加強記憶效果，但更有效的還是透過考試的形式來複習。

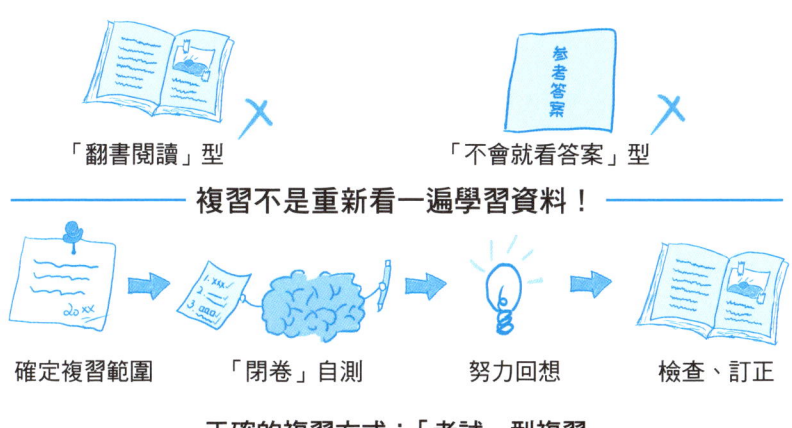

「翻書閱讀」型　　　　　　「不會就看答案」型

——— 複習不是重新看一遍學習資料！ ———

確定複習範圍　→　「閉卷」自測　→　努力回想　→　檢查、訂正

正確的複習方式：「考試」型複習

你的複習方式必須讓大腦經歷一些「痛苦」和「折磨」，不要在回憶時翻書提醒自己，而是要努力地回想，想方設法地聯想相關線索來啟發自己。實在想不出來也不要直接看答案，而是做好標記，先回憶其他知識點，最後再重新識記沒有記住的部分。這樣的複習才是有效的。

科學家蓋茲發現，如果識記和回憶的比例達到1：4，記憶效果最好。比如，在複習時看一遍知識點，然後在腦海中回憶四遍，還可以在一週內多做一些相關的試題，閉卷作答，加強複習效果。

第十節
訓練你的記憶力八：
聽、讀、寫、看——全感官刺激法

在識記的過程中主動調動的感官越多，識記效果越好。但在生活中，我們幾乎只是孤立地使用視覺、聽覺、觸覺來記憶，很少讓其協同工作。如果你需要背誦英語單字或者課文，不妨將眼睛、嘴巴、耳朵和手都調動起來，眼睛看一遍，耳朵

調動的感官越多，記憶效果越好！

聽一遍，嘴巴讀一遍，手再寫一遍，這樣，在全感官的刺激下，新知識點會被大腦更快吸收。

具體怎麼做呢？

第一步：確定要背誦的內容，通讀後進行理解分析

背誦任何知識點的第一步永遠是先明確目標，然後再去理解資訊。前面的章節中我分享了很多記憶的技巧，你可以利用這些小技巧更好地理解內容。如果背誦的是英語單字，也可以提前在網路上搜索一下，看看有沒有諧音法、詞根詞綴法等更簡單的記憶方法，如果有，可以將其寫在旁邊。如果背誦的是政治、歷史、地理等學科的大段文字，則可以先用思維導圖等工具整理出知識框架，理解分析之後備用。

第二步：準備音訊

如果你背誦的是英語單字、課文，可以先搜索、下載好相關的音訊。但如果你背誦的內容沒有現成的音訊資源，則可以用手機的錄音功能，在安靜的環境裡將需要背誦的內容一字一句地朗讀出來，保存成音訊檔即可。

第三步：跟著音訊一邊聽一邊讀，練習到熟練為止

經過前面的內容理解和分析之後就可以用手機播放音訊檔

了，一邊聽錄音一邊看著課文跟讀，最好不要默讀，而是要讀出聲來，一字一句、清清楚楚地朗讀，直到熟練為止。

如果是大段的文字性內容，則可以根據前面整理的知識框架分成多個部分，完成一個部分的理解、朗讀和記憶之後再進行下一部分。

第四步：利用手機的變速功能將音訊播放速度調快，跟讀到熟練為止

當你可以熟練跟讀音訊之後就可以主動「刁難」一下自己——將音訊的播放速度調快，然後繼續跟讀到熟練為止。不管是你從網路上下載的音訊檔，還是自己錄製的音訊檔，都可以將其導入播放機，然後進行變速調節。你可以從1.1倍速開

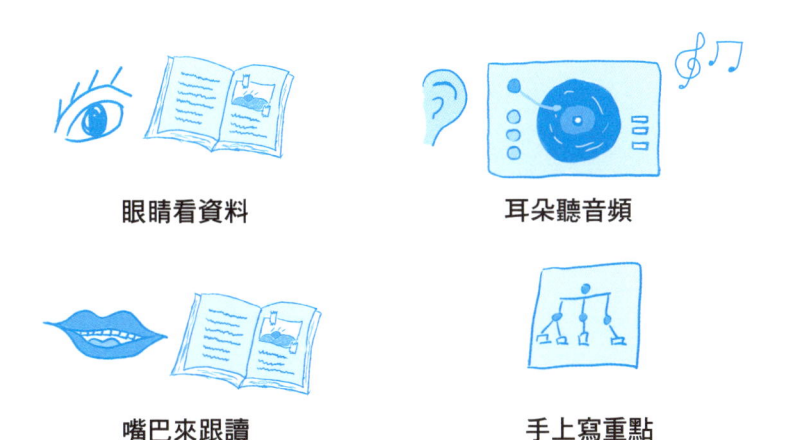

眼睛看資料　　耳朵聽音頻

嘴巴來跟讀　　手上寫重點

始挑戰，如果該播放速度一遍就能通過，那就繼續調快到1.2倍速。音訊播放速度變快後跟讀就會變得吃力起來，這是正常現象，只要某一句沒有跟上或是唸錯，就暫停一下，然後往回調整進度，繼續重複跟讀這一句，直到可以適應新的速度，朗讀得清楚且熟練。一般來說，將音訊播放速度最高調整到1.5倍速就已經足夠了。

不要小看這個變速跟讀的方法，因為當朗讀的速度快到一定程度時，你的嘴要比大腦反應得還要快，在不知不覺中你就透過這種「耳朵、眼睛、嘴巴同步努力」的方式將要背誦的內容記在心裡了。

如果你背誦的是英語單字，那麼還可以拿出一張紙，一邊快速跟讀，一邊手寫，這樣就又打通了一個感官刺激通道，加強了識記印象。

第五步：在紙上寫下關鍵字，然後閉上眼睛回憶

透過上面的理解、分析、歸納及熟練變速跟讀後，你對內容的掌握程度已經達到了七八成。此時你可以拿出一張紙，在上面寫下要背誦內容的關鍵字，然後閉上眼睛開始嘗試背誦。

如果你背誦的是英語單字，則可以直接在紙上寫下單字的中文釋義，再一邊拼寫一邊跟讀。一定要大膽地寫下你的答案，然後再檢查，有錯誤的地方用紅筆勾劃出來，再進行幾次

變速跟讀之後去默寫，直到背會。

如果你背誦的是大段文字，則可以根據知識框架寫下關鍵字，然後背誦。有不確定的或是「斷片」的地方，用筆快速標記後直接跳過這一部分繼續背誦。完成之後不要急著翻書，可以回憶一下之前製作的思維導圖、記錄的背誦技巧線索等，儘量引導大腦回憶起來。實在不行，再去翻書跟讀。就像我前面所講解的，在回憶知識時要故意「刁難」大腦，讓它一直主動、積極地思考和回想，而不是一「斷片」就翻書找答案，沒有付出努力的回憶，效果是極其有限的。

第六步：閉上眼跟著音訊進行變速背誦

播放音訊可以從 1.0 倍速開始，一邊聽一邊跟著背誦。如果能成功挑戰在 1.5 倍速下清清楚楚不卡住地背完，那麼恭喜你，這個知識點已經被你徹底攻克，牢牢記在腦子裡了。

日後複習時可以先進行變速背誦測試，記錄自己不熟練的地方，然後再嘗試回憶，之後繼續挑戰。在測試完成後可以看著資料進行快速的變速跟讀，接著進行一遍變速背誦即可。

第十一節
訓練你的記憶力九：
講課式記憶法，讓記憶力和表達力雙雙提高

　　一些記憶大師在分享快速記憶的心得時經常會提到聯想法、諧音法、照相法、故事法等技巧，有些人也會將其應用在學科學習上，但總感覺效果不是很好，給人一種越背越多、越背越亂的感覺。這是為什麼呢？

　　比如你需要記住這串數字：498733957。我們可以先透過諧音法將這串數字轉變成有意思的詞彙，接著組合成一個故事，這樣就將完全沒有規律的數字變成了一個更好理解的場景，從而達到準確記住該數字的目的。

　　其中「49」可以記為「四舅」，「87」可以記為「吧唧」，「33」可以記為「姍姍」，「957」可以記為「救我旗」，這樣就

能組合成一個有趣的小故事：四舅吧唧摔了一跤，救援的人姍姍來遲，四舅立起了一杆「救我」的旗子。

498733957

姍姍（來遲）

吧唧（摔跤）

怎麼樣？原本感覺背誦起來毫無頭緒的數字是不是一下子就變得生動有趣了起來？只是借助諧音編了一個故事，就將這串沒有規律的數字記住了。這樣看來，諧音法、故事法等技巧是很有用的。可為什麼用它們來背誦學科知識就不管用了呢？

我們學習高效記憶法的目的大多是應試或是滿足提升知識儲備等需求。這類資訊的共同特點是有意義、有邏輯性，並不是完全無序的文字或數字組合。而很多記憶大師所分享的技巧，如諧音法、象形法、故事法等，都是為了參加記憶大賽，快速記憶無序材料的。也就是說，這些技巧是為了給那些無序

無義的資訊強行施加一個邏輯、規律和意義，以方便大腦進行識記，但對於那些本就有意義和邏輯的學科內容，再使用諧音法、聯想法等技巧則完全沒有必要，反而擾亂了其原有的內容邏輯體系，增加了記憶量，導致越背越亂，越背越多。

對於絕大多數學科內容而言，有一種記憶方法的效果是最好的，專治記得慢、記不牢、理解力差等問題，它就是——講課式記憶法！

講課式記憶法一共分為四個步驟，分別為：理解和聯繫、梳理歸納、濃縮提煉、複述講解。

第一步：理解和聯繫

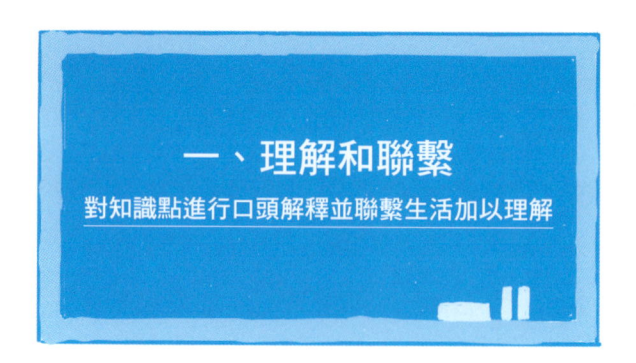

一、理解和聯繫
對知識點進行口頭解釋並聯繫生活加以理解

拿出你要背誦的資料，先通讀一遍，理解其主要講的是什麼意思。

遺囑的有效要件為：
(1)遺囑人須有立遺囑能力。
(2)遺囑須是遺囑人的真實意思表示。
(3)遺囑不得取消缺乏勞動能力又沒有生活來源的繼承人的繼承權。
(4)遺囑中所處分的財產須為遺囑人的個人合法財產。
(5)遺囑須不違反法律、社會公共利益和社會公德。
(6)遺囑中應保留胎兒的繼承份額。

要想高效學習，第一個要求就是要理解資料中的每句話到底在講什麼。也許你會覺得我說的這句完全是廢話，背誦之前肯定要瞭解意思呀。可是在實際學習中，有很多人連意思都一知半解，就急吼吼地開始背誦了。在分析每句話的含義時不用逐一查閱每個詞的意思，更不用記筆記，你可以多聯繫生活中的案例、經驗，用已有的知識口頭解釋一遍即可。

在遺囑的有效要件中，第一個條件是遺囑人須有立遺囑能力，這是指只有具有完全民事行為能力的人才有設立遺囑的行為能力。比如，劉老伯晚年時得了老年癡呆，後期連人都記不得了，根本無法辨認自己的行為，經過醫院鑑定，劉老伯已經無民事行為能力。那麼，在這種情況下，他就不具備立遺囑能力了，即便設定遺囑，也是無效的。

第二個條件是遺囑須是遺囑人的真實意思表示。立遺囑必須是遺囑人的真實意願表達，如果是在被強迫或偽造、篡改的情況下產生的，那這份遺囑肯定是無效的。

第三個條件是不得取消缺乏勞動能力又沒有生活來源的繼承人的繼承權。這就好比周先生的小兒子雖然已經成年，但因為交通事故喪失了勞動能力，沒有經濟來源。雖然周先生更疼愛大兒子，但在立遺囑時也不得取消小兒子的繼承權。

第四個條件是遺囑中所處分的財產須為遺囑人的個人合法財產。這條就更好理解了。遺囑人可以處置自己的財產，但要處置別人的財產，或是自己的財產是非法取得的，法律肯定就不支持了。

第五個條件是遺囑須不違反法律、社會公共利益和社會道德。比如，錢先生婚內出軌張女士，並一直與其在外同居。錢先生在檢查出癌症之後就立下遺囑，表示要將自己的一間房子和一輛車子遺贈給張女士。錢先生去世後他的妻子拒絕按照遺囑執行財產分割，於是張女士將她起訴到法院，要求按照遺囑分割財產，最終法院判決遺囑無效，原因是這份遺囑是錢先生和張女士在非法同居的關係時立下的，這種贈與行為違反社會道德，因此是無效的。

透過這樣的口頭解釋、聯繫案例等方式，不僅讓抽象的知識變得生動、具體起來，還能主動搭建更多的回憶線索，在日

後背誦時即便忘記了,也能透過聯想案例回想起來。

不要小看案例的作用。上課時老師為了給我們講清楚一個知識點,往往會列舉很多例子。講課式記憶法就是以教為學,自己既是老師,也是學生。如果你實在想不到例子,也可以從網路上搜索。

第二步:梳理歸納

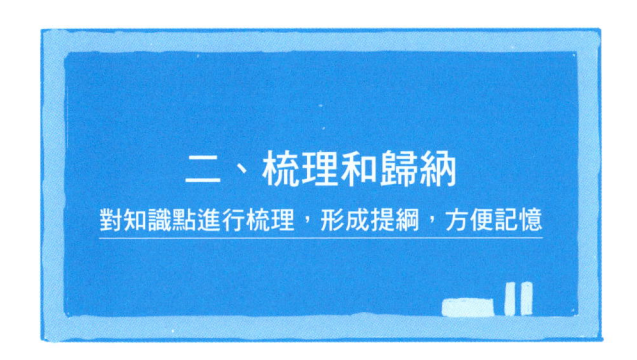

> **二、梳理和歸納**
> 對知識點進行梳理,形成提綱,方便記憶

理解了意思,聯繫了案例之後,千萬不要急著背誦,而是要先簡單地梳理、歸納。

前文中關於遺囑的要件,主要涉及四個方面:一是立遺囑的人,即有效要件中的第1條和第2條;二是遺囑中涉及的財產繼承人,對應有效要件的第3條和第6條;三是遺囑中分配的財產,對應有效要件的第4條;四是遺囑贈與行為,對應有效要件的第5條。從遺囑人到繼承人,從分配的財產到贈與行

為，這樣我們識記起來的思路就非常清晰了。

將資料按照某種關係進行梳理歸納，最大的好處就是思路變得更明確了，不會像一團胡亂纏繞的毛線，讀起來頭昏眼花，更別說準確記憶了。梳理過後，記憶量也一下子減少了，在背誦時大腦中會有一個提綱，提醒我們下一條是關於哪個方面的，就像有提詞器一樣。

第三步：濃縮提煉

> **三、濃縮提煉**
> 總結關鍵詞，形成記憶路標

這一步就是將上一步歸納整理出來的思路進一步濃縮提煉成關鍵字。比如，遺囑的有效要件一共有6條，但我們可以將其濃縮提煉成三個關鍵字，分別為「人」「錢」「行為」。

「人」是指遺囑人和繼承人，「錢」是指遺囑人在遺囑中分配的財產，「行為」是指遺囑人的贈與行為。其中關於遺囑人的兩條有效要件又可以濃縮提煉成「能力」和「真實」。

這些關鍵字就像是一個個路標,在背誦和回憶時由它們來幫你指路,這樣你自然就不會在記憶的森林裡迷路了。

第四步:複述講解

> 四、複述講解
> 「閉卷」複述講解知識點,以教為學

複述是最好的學習方法,沒有之一。為什麼呢?當你學會一個新的知識點,要想把它複述給別人,還要講清楚,就必須自己先真正理解,然後用通俗易懂的語言正確地表達出來。因此,在生活中經常鍛鍊自己有效複述的能力往往一舉多得,不僅能使知識點記得更加牢固,還會理解得更透徹,將之前沒有意識到的疑難點一一掃除,表達能力也更強了。

學習可以分為被動學習和主動學習。被動學習的方式有聽講、閱讀、試聽等,主動學習的方式有演示、討論、實踐和教授給他人等。主動性越強,學習效果越好。其中教授給他人的知識留存率高達百分之九十,而複述講解就是教授給他人的核

心步驟。

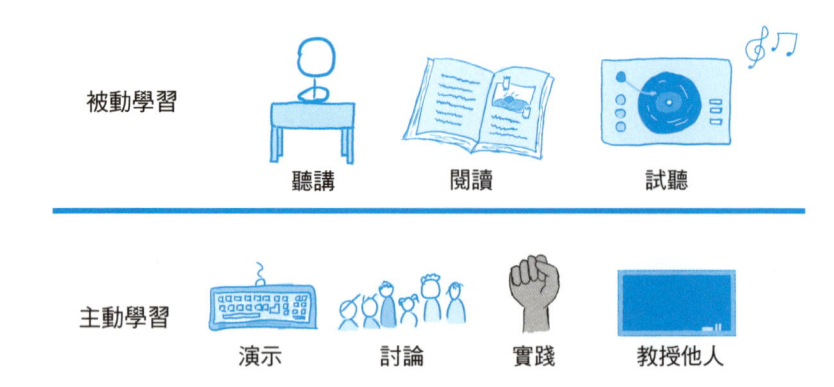

| 被動學習 | 聽講 | 閱讀 | 試聽 |

| 主動學習 | 演示 | 討論 | 實踐 | 教授他人 |

我媽媽有位同事，因為身體殘疾，小學沒讀完就被迫輟學了，但她的女兒從小成績就好，身邊的朋友都很好奇她是如何教育孩子的。這位阿姨說，自己和丈夫都學歷不高，根本沒辦法輔導孩子，更沒有錢給孩子補課。於是從孩子讀一年級起就要求她每天放學後將當天所學的功課講給自己聽，他們家晚上從來不看電視，每天孩子寫完作業之後，兩口子就趴在桌子上聽「老師」講課。

我從小在表達能力上要比同齡孩子強一些，這主要歸功於我的媽媽。小時候家裡條件不好，媽媽沒有多餘的錢給我買故事書，於是就將親戚家哥哥、姐姐看過的課本或學科雜誌之類的書都搬到家裡。她還特地給我買了個小黑板，讓我自己「哄」自己玩。於是我每天的娛樂就是自己當小老師，對著空

氣講歷史和語文。

總之，不管你是理解、表達能力差，還是記憶力差，都沒有關係，平時多做複述講解方面的訓練，保證會有進步。

但需要注意的是，將知識複述給別人或「空氣」聽，並不是讓你閉上眼將課本上的內容一字一句地背出來，那樣和機械式的背誦沒有任何區別。如果是一些理解性的知識點，你完全可以用自己的話來表達，就像老師講課一樣，將知識點掰開了、揉碎了講清楚。如果是需要將原文記住的知識點，則可以先用自己的話快速「翻譯」一遍，然後再背出原文。在識記階段，這招可以顯著提高記憶效率。這是因為你在理解得更透徹的基礎上，先用自己的話將意思表達一遍，這樣只需要著重重複幾次原文的表達詞彙就可以了，記憶難度就降低了。如果是複習階段，甚至可以直接跳過「翻譯」環節。

舉個例子：

宗法制指的是用父系血緣關係的親疏來維繫政治等級，鞏固國家統治的制度。其目的是加強分封制形成的統治秩序，解決貴族之間的權力、財產和土地繼承上的矛盾。

對於這種需要完整記憶原文的知識點，在開始嘗試記憶時可以先用自己的話口頭分析講解一遍。

古時候的統治階級也有權力分配的矛盾，誰當大當家，誰當二當家？王室貴族的權力該如何交接呢？這些權力分配會直接影響財產、土地繼承等一系列利益，如果沒有一個大家都心服口服的規定，就很容易導致混亂，影響政權和國家的穩定。於是宗法制出現了，按照王室貴族的父系血緣關係進行世襲統治，也就是「立嫡以長不以賢，立子以貴不以長」。為什麼是根據父系血緣關係呢？因為古代是父系氏族社會，父權在家庭中佔據統治地位。確立了宗法制後，權力交接就會變得相對穩定，大家都能心平氣和地接受這種權力、利益的分配，政治環境自然也就相對穩定了。

　　口頭「翻譯」之後，原文的表達邏輯的難度就大幅度降低了。比如，古代貴族維繫統治階級內部秩序的方法是按照父系血緣關係排序的嫡長繼承制，這對應的原文是「父系血緣關係的親疏」。不用刻意背誦，只需多讀幾遍就能記住了。

　　在複述時你可以拿出一張紙當作小黑板，一邊給「空氣學生」講解，一邊用筆寫下關鍵字或是畫出思維導圖，這就是你的「板書」。講解時不要害羞，一定要講出聲音來，如果只是在心裡默默地講解，講課式記憶法的效果就會大打折扣。因為不出聲的講解很容易分心，還會習慣性地用一些模稜兩可的句子，以為自己理解了、表達清楚了，但實際上只是一知半解。只有大聲表達，大腦才會認真地遣詞造句。而且當你聲情並茂

地「講課」時，你的感官都會積極參與進來。你的嘴巴在講話，你的耳朵在傾聽，你的眼睛在看著「板書」，你的手在寫寫畫畫……越多的感官參與，你的注意力就越集中，學習狀態就越好，自然記得又快又牢固。

也許會有人說：「不是有研究表明，默讀的記憶效果更好嗎？為什麼不能採用默讀式講解？我的複習環境不允許我大聲說話呀！」不知道你有沒有這樣的體驗：打開書安靜地閱讀著，表面上一副認真學習的樣子，但實際上注意力早就跑出了十萬八千里。腦子裡想著週六要去看的電影、中午要吃的麻辣燙以及晚上還要組團「戰鬥」的遊戲，看的時間一長，眼皮都開始打架了。

高效學習有兩個勁敵，一個是意志力不足，另一個是注意力不集中。集中注意力的方法很簡單，就是調動更多的感官參與進來，聽、說、讀、寫同時進行，效果立竿見影。當然，如果你的學習環境並不允許你充滿儀式感地大聲「講課」，那你也可以小聲一點，只要發出聲音即可。

講課式記憶法之所以如此有效，是因為它是以輸出為導向。如果你想更高效地釋放該方法的「魔力」，那我就再教你一招吧，我稱之為六環法。六環法是透過輸出文章和行動的方式來提升所學知識的內化效果。

概念	問題	回答
案例	應用	心得

　　請拿出一張紙，然後在上面畫上六個圓圈，在第一個圓圈中寫上「概念」二字，即你要分享的知識點是什麼，然後用自己的話表述清楚。在第二個圓圈中寫上「問題」二字，即根據該知識點提出一個問題。在第三個圓圈中寫上「回答」二字，即給出剛才所提問題的答案。在第四個圓圈中寫上「案例」二字，即要引用一至兩個案例來解釋、論證該知識點。在第五個圓圈中寫上「應用」二字，即該知識點能夠運用在哪些地方，解決哪些具體的問題。在第六個圓圈中寫上「心得」，根據自己的實踐寫下心得體會。如果輸出之後遇到了更好的案例，或是發現該知識點還有其他作用，都可以補充到相應的模組當中。不管是備考還是看課外書，你都可以用六環法將其輸出成文章，主動應用該知識點，分享自己的實踐心得，等全部完成後還可以將其發表到朋友圈或是自媒體平台。

如果只是跟隨著作者的思路讀書，很可能讀完之後就沒有印象了。但透過六環法進行規整的輸出，吸收知識的效率就會大大提高。很多時候我們在輸出時之所以感覺很抗拒，主要是因為腦海中沒有一個固定的表達格式，自然會感到混亂與煩躁。而在六環法的幫助下，我們的思路會變得很明確，每次只需針對一個圓圈的目標進行針對性的思考和表達，哪裡遇到問題就馬上寫下來，然後去尋找答案。這種透過寫作以及日常生活中的觀察、實踐和總結的方式的輸出比單純的口頭複述效果更好。

第三章

提高深度思考能力，才能讓學習變得高效

第三章　提高深度思考能力，才能讓學習變得高效

第一節

遇到問題別急著解決，先進行「黃金三問」

　　上學時我一直覺得學習比拚的就是意志力和記憶力，誰更願意下功夫苦讀，誰背得更熟，誰的成績就更好。那時我還自我感覺良好，認為自己的學習能力很強。可等到畢業參加工作之後，才發現自己和公司裡的「高人」之間的差距。在學習一門新知識、新技能時，我使用的依然是在學校應付考試的那一套方法，打開厚厚的書籍，從頭到尾一字不落地看完，然後重複背誦裡面的知識點。可在實際的工作和生活中，這種學習方法註定是低效且死板的。上司要求我做一份專案策劃，我的第一反應是崩潰和迷茫，根本沒有任何頭緒。只能眼睜睜看著同事在白板上快速、清晰、直觀地將解決方案展示出來，獲得上司讚賞。那時我才意識到，人和人學習能力的差距，並不在於

記憶力和意志力，而在於認知能力！

怪不得上學時班裡的資優生並不會採用題海戰術，他們很少熬夜，往往做一道題就能掌握一類題，總能很輕鬆地考高分。怪不得我平時花錢買了那麼多網課，總是聽的時候感覺學會了，可等到實際練習時大腦卻是一片空白。我一直覺得是自己背誦得不夠刻苦才收效甚微，卻從未考慮過自己的學習方法是否正確。

不管你是在校學生還是成年學習者，我都強烈建議你不要將「應試得高分」作為學習的第一目標，而是要利用一切能夠調動的學習資源刻意鍛鍊自身的認知能力，這樣才能從根本上提升學習能力，才能讓你真正體會到豁然開朗、融會貫通的感覺。

電影《教父》中有這樣一句台詞：「半秒鐘看清事物本質和一輩子都看不清本質的人，命運註定是不同的。」學習也是如此，思考上的通透或混亂決定了你執行效率的高或低。為什麼有的人能一分耕耘十分收穫，而有的人卻是十分耕耘一分收穫？歸根結底就是認知能力上的差距。

刻意鍛鍊認知能力的第一個方法，就是在學習中要試著往「根」上思考，一點點地引導自己由淺入深地探索。我們從小到大經歷過那麼多考試，在複習時也有許多經驗，只要看到「根本原因」「根本原則」「根本屬性」「根本目的」等字樣，

不用問就知道這些都是考試重點。但我們對此的態度僅僅局限於多背幾遍，平時卻懶得往事物的「根」上思考，時間一長就容易養成考慮事情過於表面，沒有條理的壞習慣。

那麼，在生活中我們該如何練習，以達到增加思考深度的目的呢？第一個方法就是：遇到問題別急著解決，先進行「黃金三問」！是哪三個問題呢？也許你已經猜到了，它們分別是：是什麼？為什麼？怎麼辦？

與其說大腦是個「膽小鬼」，天生害怕遇到問題，不如說大腦害怕的是那種不確定感所帶來的對未知的恐懼。為了快速消除這種恐懼感，大腦就會傾向於用最簡單、最省時省力的方式解決問題。

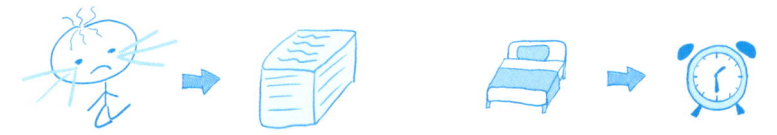

單字記不住？　　多抄寫！抄寫100遍！　　經常賴床？　　鬧鐘響起必須起床！

**大腦的「快速反應機制」習慣於
用最節省精力的方式「回應」問題，而不是解決問題**

背誦單字不順利，經常記不住，怎麼辦？大腦會告訴你：「繼續背！一遍記不住就背十遍！」隨堂測驗的成績不理想，怎麼辦？大腦會告訴你：「趕緊買本習題冊，別人都在做題，

題海戰術準沒錯！」想要早起一小時卻經常賴床，怎麼辦？大腦會告訴你：「必須早起！起不來就是意志力不堅定！」

很多時候，大腦的快速反應機制制定的執行策略未必是有效的，因為它總想用最快速、最省力的方法來解決問題，因此就不會深入分析問題，只是針對表面現象做出反應，而忽視了問題的本質。結果費了半天勁也是治標不治本，越努力反而越迷茫。

其實，每一次遇到問題時，都是大好的學習機會。可以將其寫在紙上，然後自問自答，透過「是什麼——為什麼——怎麼辦」來引導自己探尋問題的本質，找到更好的解決方法。

比如，有段時間我經常熬夜，白天起不來，整天沒精神，到了晚上又躺在床上玩手機，越玩越有精神，每天都是凌晨一兩點才睡覺。時間一長，我感覺自己的體質變得越來越差。有次洗澡時我看著手中掉落的頭髮，終於下定決心不再熬夜，每天晚上一定要在11點之前睡覺。可真正執行起來才發現太難了。

這個例子中急需解決的問題是什麼呢？是如何有效戒掉熬夜的壞習慣。但如果順應大腦的快速反應機制來想辦法，極有可能是透過反覆打壓自己，一直重複不許熬夜的命令來嘗試解決問題。可以看出，大腦為了省事，是習慣於在問題表面下功夫的：如何不熬夜呢？命令自己晚上11點就去乖乖睡覺！可

如果只是簡單的命令就能產生效果，我怎麼可能還會因為熬夜而苦惱呢？難道我不知道熬夜傷身體嗎？我也想早早睡覺，但就是控制不住自己呀！如果沒有試著深層次思考，找到問題背後的根本原因，是很難有效解決問題的。我們可以試著用「黃金三問法」來分析。

過去
問題：經常熬夜導致體質差，掉頭髮
方法：11點前必須睡覺
結果：控制不住自己，依舊熬夜

現在
問題：經常熬夜導致體質差，掉頭髮
根本原因：躺在床上玩手機，越玩越有精神
方法：不在床上、沙發上玩手機，只能站著玩！

是什麼：經常熬夜到凌晨一兩點，無法做到在晚上11點之前睡覺。

為什麼：晚上總喜歡躺在床上玩手機，一滑短影音就停不下來，越看越上癮，到了該睡覺的時間還意猶未盡，不知不覺就到半夜了。

怎麼辦：手機不能帶上床！不能在床、沙發等一切舒服的

地方滑手機，要滑手機只能站著玩。可以靠著牆，一邊站著雕塑身形一邊玩會兒手機來放鬆精神。準備上床睡覺時，必須將手機放到客廳等遠離床的地方，可以在床頭放一個鬧鐘，以防第二天無法按時起床。

簡單一分析就找到了問題的癥結所在。為什麼總是控制不住熬夜？因為躺在被窩裡滑手機既舒服又有趣，自然就沒有睏意。找到造成該問題的根本原因就可以對症下藥了。首先，要想滑手機就必須告別躺在床上、癱在沙發上這些舒服的姿勢，可以玩，但只能站著滑。其次，準備睡覺時不能把手機帶到床上，這樣自然就只能老老實實地睡覺了。

不管在學習還是在日常生活中，大家都可以多多使用「黃金三問法」來引導自己從事物的表面往本質探索，即便依靠自己已有的認知能力無法準確抓住事物的本質也沒有關係，哪怕只前進一步也是好的。

第二節
平時多玩「探索」遊戲，邊玩邊長見識

前面我們講到滑手機、看短影音都容易讓人沉溺於短期快感，如果不加以節制，是非常浪費時間和精力的，長此以往還會導致注意力分散、熬夜成癮，實在是高效學習的天敵。但這並不代表絕對不能滑手機。我們可以在平時看影片時將其當作一個啟發靈感的小遊戲，先跟著影音創作者的思路走，以此為引子，引導自己主動探索、思考並總結，這樣就能一邊看自己感興趣的視頻，一邊從中汲取營養，鍛鍊自己的認知能力。

舉個例子，前幾天我在滑手機時滑到了一個講解宋徽宗趙佶的影片。一說起宋徽宗，很多人都會認為他是個昏君，北宋就斷送在他的手裡，在「靖康之難」中更是被金軍俘虜，受盡欺辱，最終鬱鬱而終。如果僅僅是捧著手機，聽著YouTuber

唸稿子，我們多半只會在當下感覺很有收穫，但看完之後大腦依舊是一片空白。

| 刷視頻 | 娛樂放鬆 | 找到靈感 | 搜索資料 | 腦力激盪 |

如何一邊刷視頻一邊長知識

在進行「探索」遊戲時，千萬不要有「我什麼都不會，我肯定找不到、找不對」的心理負擔，你完全可以借助網路、書籍的力量，去尋找你需要的資料。還是那句話，你不是專家，不用保證自己總結的觀點是完全正確的。我們多做這個練習的目的是調動大腦的積極性，從原來的被動接收變成主動搜索和思考，否則就會被碎片化、淺顯化的資訊「餵養」得越來越懶，導致獨立思考和深度思考的能力越來越差。

說了這麼多，那麼到底該如何玩「探索」遊戲呢？

第一步：由啟發素材確定要探索的主題關鍵字

就拿剛才我提到的宋徽宗的影片為例。看完影片之後，我們可以在紙上寫下自己最想要探索的主題關鍵字。可以是「靖康之恥」「宋徽宗趙佶」「宋室南遷」等，不用在乎你寫下的主

題關鍵字是否有分量,哪怕這些關鍵字並非該影片的重點也沒關係。我們平時看的文章和影片都可以當作用於啟發思考的素材,由此作為引導,讓你對某些東西產生興趣,渴望進一步拓展延伸。

我在紙上寫下的關鍵字是「國貧兵弱」。為什麼呢?因為在大家的印象中,北宋是中國古代歷史上經濟、文化最繁榮的時代,尤其是宋仁宗時期,經濟發達,百姓和樂,君臣和諧。從1063年宋仁宗駕崩,到1127年「靖康之難」,短短64年,一個帝國就轟然倒塌了,而且是以東京淪陷、二帝被俘這樣難堪、屈辱的方式覆滅的。按照常理,經濟文化繁榮的北宋應該是國富民強的,但實際上卻是國貧兵弱,這讓我很感興趣,於是便將其作為本次「探索」遊戲的主題關鍵字。

第二步:在紙上寫下本次探索的方向

主題關鍵字確定了,接著就可以在旁邊寫下探索的具體方向,比如原因、意義、背景、概念、經過、結果、方法等等。我在「國貧兵弱」旁邊寫下了「原因」,即探索為什麼經濟文化繁榮的北宋卻一直是國貧兵弱。

第三步:透過書本、網路、請教他人等方式尋找答案

主題關鍵字有了,方向也有了,剩下的就是去尋找答案

了。上學時，歷史老師就講過北宋最大的問題就是冗官、冗兵、冗費，這也是導致北宋在「國貧兵弱」的沼澤中越陷越深的原因所在。於是我順著這條思路尋找資料，想要搞清楚為什麼北宋會陷入「三冗」問題之中。

第四步：理解素材，並寫成探索報告

| 沒有合法繼承 | 擔心別人也有樣學樣 | 確定「嚴防內患」的策略 |

眾所周知，北宋開國皇帝趙匡胤是透過陳橋兵變、黃袍加身才當上皇帝的。自古以來，做皇帝講究的是合法繼承，趙匡胤的登基顯然並不具備這一條件。因此，北宋的官家永遠將內亂看得比外侵更可怕，主張「先平內寇，然後可以禦外辱」。於是北宋的治國核心政策概括起來就兩個字——防內！

如何防呢？

一是提供誘人的物質條件，讓他們懶得叛亂。名不正、言不順的皇帝鞏固皇權的招式只有兩個，要麼嚴刑酷法鎮壓，誰不服氣就殺誰；要麼就寬以待人，透過優厚的福利條件安撫。

北宋的皇帝們選擇的是後者。北宋官員的待遇相當好，除本身的俸祿外，衣服、炭、茶、酒等均有補貼。為求國內安定，哪裡出現災荒朝廷就去哪裡募兵，將潛在的反抗政權力量化為己用，防止內亂發生。但這些士兵卻疏於訓練，軍紀渙散，不僅存在吃空餉的弊端，還造成了軍隊戰鬥力低下，多出現逃兵。

二是分散權力，防止一家獨大。官家生怕權力過於集中，於是設立了多個部門相互制衡，日常處理一件事情需要多個部門一同參與，誰也不想承擔責任，於是就互相推諉，事情越拖越多、越拖越大。就連打仗這種國防大事也是如此，樞密院負責調兵，三衙負責練兵，領兵打仗還需另設將帥，導致兵不識將，將不識兵，兵多卻無力。

北宋就是這樣一個外強中乾的王朝，「嚴防內患」的政治策略讓整個國家負擔沉重，搖搖欲墜，養了一堆辦事效率差，打仗能力更差的官員和士兵。「靖康之恥」讓外表光鮮亮麗的北宋王朝轟然倒塌，但這個結局從北宋深陷於「冗官、冗兵、冗費」不能自拔的那天起就已經註定了。

查到資料之後，我們就可以組織語言，用簡單易懂的方式將自己理解的內容表達出來，還可以像我這樣用圖畫的方式將關鍵字連起來，畫到本子上。久而久之你就會發現，自己的思考、搜索、表達能力都有所提升。

給錢、封官、養兵！

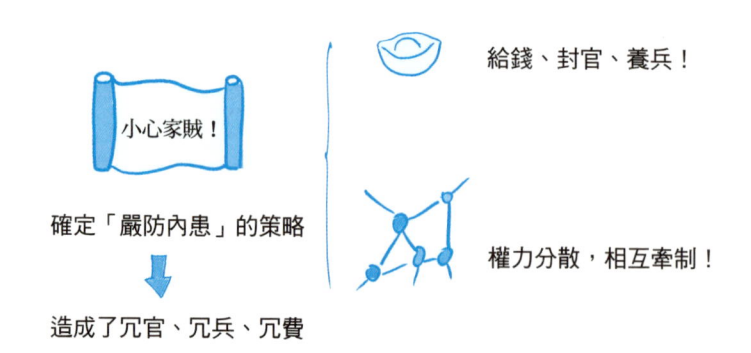

小心家賊！

確定「嚴防內患」的策略

權力分散，相互牽制！

造成了冗官、冗兵、冗費

你瞧，由一個介紹宋徽宗的科普小影片，我們就可以透過讀書、搜索資料等方式汲取到這麼多有營養的資訊，不怎麼費力就能達到一定的思考深度。而多做根源性思考練習也能將你從海量的速食式資訊中解救出來，同樣是看一個影片，你就能夠比別人瞭解更深，收穫更多。

第三節
在迷茫中前行,只需「打破砂鍋問到底」

很多時候我們會感到迷茫、無力,不知該如何解決某個問題,或是實現某個目標。歸根結底,是因為我們思考的深度不夠,注意力只停留在問題的表面,沒有抓住問題的本質,因此為之付出的努力再多也是事倍功半。正所謂「揚湯止沸,不如去薪;潰癰雖痛,勝於養毒」,因此,我們平時可以多練習「5WHY分析法」,不斷地提問,引導自己一步步發現問題的本質。

5WHY分析法就是針對一個問題連續問自己5個「為什麼」,從問題展現的結果入手,順著因果關係的鏈條找到引起該問題的根本原因。當然,實操過程中可能需要提問不止5次,那就多問幾個為什麼,直到找出問題的本質為止!

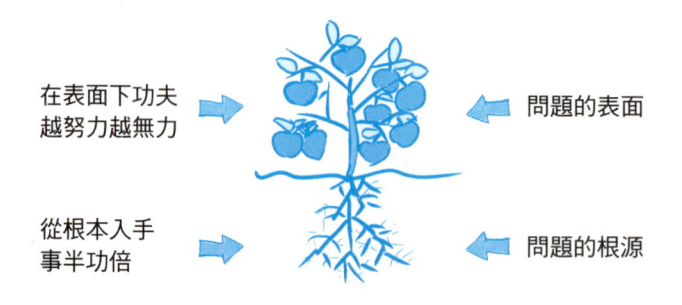

在表面下功夫
越努力越無力 → 問題的表面

從根本入手
事半功倍 → 問題的根源

**很多時候，困擾我們的都是問題的「結果」
必須追根溯源，找到問題的根源所在**

就拿我來說吧，我從小就有個作家夢，一想到自己坐在書桌前翻看資料，對著鍵盤劈哩啪啦打字的情景，就心生嚮往。而出書是轉型成作家，打造個人IP的關鍵一步。看到自己分享的知識被裝訂成一本本精美的圖書，收到讀者良好的回饋時，那種精神上的愉悅和振奮是金錢無法比擬的。可對當時還是一個普通上班族的我來說，實現出書的目標真的是難如登天。

當時倍感迷茫的我一直被「我如何能夠等到出書的那一天」的問題困擾著，想要解決卻一頭霧水，根本無從下手。於是我就使用5WHY分析法，透過逐步提問找到了問題的關鍵所在。

問1：為什麼沒有出版社主動找我出書呢？

答：因為出版社的編輯根本不知道我是誰，我在哪，我擅長什麼！

問2：為什麼出版社的編輯不知道我是誰，我在哪，我擅長什麼呢？

答：因為他們沒有看到我的文章，不知道我的實力！

問3：為什麼他們沒有看到我的文章，不知道我的實力呢？

答：因為網路上沒有我創作的高品質文章！

問4：為什麼網路上沒有我創作的高品質文章呢？

答：因為我沒有將自己的作品發表到網路上！

問5：為什麼我沒有將自己的作品發表到網路上呢？

答：因為我不知道出版社的編輯會瀏覽哪些網站！

提問到這裡我就已經弄清楚問題的關鍵所在了。我要想出書，就必須要透過優秀的作品吸引出版社編輯的注意，但問題的關鍵在於我不知道編輯們會看哪些網站！如果我找到了這個問題的答案，一切就好辦多了，因為我可以將自己寫好的作品發表到這些網站上，專注在一個領域裡深耕，透過作品來展示自己的創作能力，一邊吸引粉絲一邊靜候伯樂的到來。

5WHY分析法是給困擾自己的問題做一個「解剖手術」，找到「病根」之後再實施「治療」。

事實證明，我當初的做法非常明智！我之所以能夠順利轉型為作家，就是因為自己寫的作品被出版社的編輯相中了，他們主動聯繫我，並邀請我出書。

總之，我們遇到的很多問題其實都是問題的結果，你要化身「好奇寶寶」，拿出一張紙，一問一答，幫助自己從結果入手，順藤摸瓜，找到造成該問題的根本原因，然後再去著手解決。

第四節

如何讓自己真正學會某個知識點

　　如何判斷自己對某個事物、知識點、問題、規律的理解是否透徹呢？在上一章節中我講過，提高知識留存率最好的方法是將知識教授給他人。你講解複述得越簡單易懂，理解得就越深刻。如果你講得越來越複雜，讓對方聽得一頭霧水，那肯定是你的理解深度或表達方式存在問題。

　　複述時建議按照這個公式來講解：概念解釋＋打比方＋舉個例子。即先用自己的話陳述概念，接著再打個比方，用對方較為熟悉的事物解釋該概念，然後聯繫生活實際、以往的經驗或原有的知識儲備舉個例子。

概念解釋 ＋ 打比方 ＋ 案例解析 ＝ 有效理解

如何真正理解透徹一切知識點？

　　陳述概念是在鍛鍊精煉且準確表達的能力，打比方是在鍛鍊本質思考和形象生動說明的能力，舉例子則是在鍛鍊聯繫已有經驗、調取知識實例及闡述的能力。這三個步驟都完成了，你對該知識點、現象或問題的理解就更為深刻了，既不容易忘，日後有效輸出和應用的機率也會更高。如果在哪個步驟卡住了，那接下來的目標就相當明確，「缺哪兒補哪兒」就行，不會舉例子就去找例子，不會打比方，就在網路上、書本中查找相關講解。但是要記住，這種行為屬於看了「參考答案」，你只知道答案的意思，輸出答案的能力仍未具備。「參考答案」只能作為思路的引導和啟發，你必須強迫自己重新「做題」，直到能自己給出答案。

　　具體如何使用呢？在這裡，我給大家做一個小小的示範吧！

一、陳述概念

榴槤真的太好吃了！　　　為什麼會有人不愛吃榴槤？

虛假同感偏差：高估自己的信念和判斷

前幾天我看書時新學了一個心理學概念，叫虛假同感偏差。什麼意思呢？就是人們會無意間誇大自己的信念、意見、喜好、特徵、行為的普遍性，覺得自己擁有的某種特性別人肯定也有。當他們發現和這一信念相衝突的現象、資訊時，依舊會固執己見。自己愛吃榴槤、香菜，就覺得別人也一定很愛吃，如果發現別人不愛吃，還會非常不理解，質疑別人為什麼不愛吃。這就是自身建立的一種虛假性的普遍同感認知，是一種認知偏差現象。

如果你能在沒有看資料的情況下，像我一樣把這個概念講清楚，那就算及格了。

二、打比方

當我們嘗試瞭解某個新事物，弄懂某個複雜的知識點時，會依靠已知事物和新事物之間的聯繫來增進瞭解，其中打比方就是提高理解效率與深度的好方法。它利用兩種不同事物的相似之處突出事物的性狀特點，用熟悉的事物來降低認知門檻，讓對方一聽就懂。

打比方要想用得恰到好處，有兩個關鍵點：①本質屬性相同，即要解釋說明的事物和要打比方的事物的關鍵屬性是相同的。②將複雜的問題簡單化，即用簡單、熟悉的事物比喻複雜、難懂甚至陌生的事物。複雜、陌生的知識容易讓人產生畏懼感，提不起興趣，聽又聽不懂。但打比方就能將原本晦澀難懂的事物用一種更容易聽懂的方式表達出來，降低了理解的難度，但本質道理卻是一樣的，自然能幫助對方更快地理解問題。

我們在平時練習打比方時也要用上述兩個標準自查，看看自己的說明是否合格。

比如經濟發展速度的影響問題。如果經濟發展太快，就容易出現投資過熱、通貨膨脹、財富分配過度集中、資源透支和過耗等問題；如果經濟發展太慢，則會影響人們的生活水準和投資信心，就業壓力大，容易激發社會矛盾。有位經濟學家用

騎自行車說明了這個道理。經濟發展就像騎自行車，騎得太快就容易撞車；騎得太慢自行車就不穩當，容易摔倒。所以騎車的速度要不快不慢，剛剛好。用騎自行車這種常見的行為來比喻經濟發展，雖然從表面上看兩者八竿子打不著，但兩者因速度而產生影響的本質屬性是一致的。

社會心理學家喬納森・海特在《象與騎象人》一書中寫道：「人的心理一直有兩套處理系統在運作──控制化處理過程和自動化處理過程……大部分的心理歷程都是自動發生的，根本無須我們有意識地去注意或控制它。大部分的自動化處理過程均屬完全無意識狀態，儘管某些部分顯示出有自覺。比如，我們會察覺到似乎有流動的『意識流』，它遵循自己的聯想規則，無須『自我』花任何感情在上面，或費力去引導……和自動化處理過程相對的就是控制化處理過程，這種思考相當費神，一切得按步驟來，所以往往佔掉我們大部分的意識……控制化處理有其局限性，我們一次只能有意識地思考一件事，但是自動化處理卻能多軌同時進行，且立即處理許多工作。單靠意志力，控制化系統是很難打敗自動化系統的。控制化系統跟一緊繃便疲憊不堪的肌肉一樣，很快就疲軟無力，舉白旗投降。」

通讀一遍之後你的感受是什麼呢？也許是疑惑不解，也

許是似懂非懂。別著急，喬納森‧海特打了一個很巧妙的比方：「騎象人扮演的是顧問的角色，也是一位僕人，他不是國王、總裁，也不是能緊控韁繩的馬夫。騎象人是葛詹尼加（Michael S. Gazzaniga，認知神經科學之父）所稱的『詮釋模組』，它是有意識的、控制後的思考。相反，大象則是騎象人以外的一切。大象包含我們內心的感覺、本能反應、情緒和直覺，這些都是自動化系統的組成要件……騎象人看得遠也想得遠，只要跟其他騎象人交談一下，或研究一下地圖，他就能學到寶貴資訊。但是，騎象人無法在違背大象本身意願的情況下命令大象。」

大象：自動化系統
特點：習慣反應，力量強大

騎象人：控制化系統
特點：理性思考，力量弱小

要順應規律，讓兩者實現合作，而不是對抗！

看完作者的解釋是不是一下就有了頓悟的感覺呢？我們內心的感覺、情緒、直覺和本能反應就是那頭大象，而我們的理性思考就是騎象人。生活中，我們總感覺無法控制自己的行

為，明明心裡無比清楚此時此刻應該拿起書本學習，但就是忍不住打開手機玩遊戲；明明知道過度飲酒傷身，但就是忍不住舉起酒杯喝得酩酊大醉。我們一直以為騎象人就是大象的主人，手裡緊緊握著駕馭大象，改變行進方向的韁繩，但事實上騎象人只是一個顧問。我們生活中的絕大多數言行舉止和思考都是本能和習慣的產物。也就是說，大象想要去哪裡就去哪裡。騎象人雖然站得高看得遠，能夠做出更好的決策，但力量和大象差距過大，任憑如何拽動韁繩，也很難左右其方向。這也許就是造成人們痛苦的根源所在，心裡想做卻總是做不到，感到無力、焦慮與自責，一直活在激烈的心理衝突之中。難道騎象人真的一點作用都無法施展嗎？當然不是。要想有效傳達騎象人的命令，必須要在不違背大象本身意願的情況下進行。說白了，大象也是個「順毛驢」，要想合作愉快，就必須在瞭解這種關係的基礎上順應規律，一味地硬碰硬只會輸得更慘。

透過打比方的方法調動熟悉的事物解釋新知識，是檢驗你對其理解程度的好方法。打完比方之後，你還可以像我演示的那樣簡單分析一下，效果會更佳。

三、舉例子

我們學習知識不僅是為了應付考試，更多的是為了解決問題。最低效的學習就是死記硬背之後卻不知道學到的知識有什

麼用，對解決哪些問題有幫助。學以致用，才能真正發揮知識的價值。而舉例子恰好能拉近我們與知識之間的距離，讓其不再高高在上，是加深理解，激發主動應用知識積極性的利器。

日常生活中我們該如何提高舉例子的能力呢？方法並不難，歸根結底就是要鍛鍊自己有目的地調取例子與搜索例子的能力。我們需要主動搜索的例子有兩種，一種是為了論證某個道理，另一種是為了論證某個方法。

比如我在前面提及的虛假同感偏差，你能舉出幾個相關的例子嗎？「砍柴的以為皇帝都挑金扁擔」「民間鬧饑荒，晉惠帝問『何不食肉糜？』」「有一種冷叫做媽媽覺得你冷」等都是典型的虛假同感偏差案例。

上初中時班主任組織了一次投票選舉班幹部的班會，我的好朋友角逐班長一職，當她充滿熱情地演講過後，我覺得她的表現棒極了，班裡絕大多數同學肯定都會投票給她。可等到票數公布之後才發現，只有8個人投了她，這讓我和她都感到十分意外，實在想不出高票當選的同學有何過人之處，甚至還會忍不住猜想他是不是做了什麼小動作，總之就是不服氣，覺得他贏得莫名其妙，這也是虛假同感偏差。我們高估了自己的判斷，並將自身的想法強加到了別人身上，假定別人和自己的想法是相同的，倘若發現對方的想法並非如此，就會覺得他們很奇怪。

1977年，史丹佛大學社會心理學教授李・羅斯和他的團隊進行了一項實證研究。

研究人員在大學校園裡進行了一項問卷調查，並邀請路過的大學生參與「人形看板」的宣傳活動，他們需要在身上掛上「來喬的飯店吃飯」的看板，並在校園裡閒逛30分鐘。實驗人員只是告訴參與者，參與這項活動中會學習到一些有用的東西，除此之外沒有任何其他承諾。在統計願意參與活動的人數時，研究人員發現了一個有趣的現象：在同意化身為人形看板的大學生中，有62%的學生堅定地認為別人肯定也會這樣做。而那些不同意掛看板的學生中，只有33%的人覺得別人會同意掛看板。

參與測試的學生們的心理活動也很有意思。同意掛看板宣傳的學生不理解為什麼會有人拒絕宣傳，他們覺得掛看板並不是難以接受的事情，並認為那些拒絕宣傳的人缺乏樂於助人的精神，是假正經。同樣，在拒絕宣傳的學生眼裡，那些同意掛著牌子滿校園溜達的人才讓人難以理解，肯定是為了做些出格的事情來吸引他人目光。誇大自己的信念和判斷，認為和自己認知不符的都是不正常的，這就是虛假同感偏差。

以上這些例子都是為了說明虛假同感偏差這個概念。接著，我們還可以思考一下虛假同感偏差效應給我們帶來了哪些啟示。我們不能將自己的喜好和標準強加到他人身上，要學會

換位思考，求同存異。你能否找到相應的案例呢？

「怎麼會有人問如此沒有
技術含量的問題？」
過去的我

求同存異
徵集問題，主動瞭解讀者的疑問
現在的我

幾年前，我在網路上分享讀書技巧時經常會收到一些讀者的私訊。在我眼中，他們的問題都很幼稚，根本不值得回答。比如：我應該看哪些課外書呢？看課外書時，必須從頭讀到尾嗎？如何挑選內容品質好的書籍呢？

在當時的我看來，這些問題太沒有技術含量了，怎麼可能會有人不懂呢？直到有次我將這些問題匯總成一篇QA文章發表之後，讀者的回饋出乎我的意料。文章的閱讀量、評論量都很多，很多讀者都留言說這篇文章解答了他多年的困惑。我這才知道自己在寫作時陷入了作者視角，並沒有從讀者的角度出發。從那以後，我在寫文章時都會仔細研究資料，經常閱讀留言和私訊，還會發文徵集讀者的問題，盡可能多地瞭解讀者的想法。

這就是關於降低虛假同感偏差的方法案例。大家在練習舉例時可以「貪多」，從不同角度多找幾個，多多益善。也可以給自己制定一個小目標，在一天的時間內觀察生活，並尋找三個關於某一方面的案例，多堅持一段時間你就能「修練」出在觀察上的高度敏感性。

　　總之，不管是在學校學到的新知識，還是課外接觸到的新概念，我都強烈建議你用「概念講解＋打比方＋舉例子」的方法將新學的知識點現學現賣，講給身邊的朋友聽，或是寫成小短文發布到網路上。寫完之後要反思一下，自己是否將今日所學的知識點給網友們講清楚了。不要小看網路的力量，你的作品會說明你吸引更多志同道合的夥伴。發表的文章越多，你表達得越順暢，文章閱讀量越高，這些對你來說都是一種激勵，會推動你更加主動地思考和改進。多堅持一段時間，你就能親眼見證內容輸出的魔力！

第五節

多積累「思考拼圖說明書」，鍛鍊思考的有序性

　　鍛鍊思維的有序性，能夠在面對問題、處理資訊時有條不紊、由淺入深地分析和梳理，避免因思維混亂而造成思考低效，表達無序。練習的方法也很簡單，只需「站在巨人的肩膀上」，多多利用前人總結的思維模型梳理資訊，時間一長，這些別人總結的思維模型就會變成你的思考習慣，自然而然地為自己所用。

　　我喜歡將思考模型稱為「思考拼圖說明書」。大腦在處理資訊時最害怕的就是混亂無序。這就好比給你一堆亂七八糟的拼圖碎片，讓你憑空組合成想要的圖片，你肯定會感覺毫無頭緒，不知從何下手。但如果你手中有拼圖的說明書呢？你只

需按照說明書的指示,從一堆混亂的拼圖碎片中找到需要的碎片,然後拼接在一起就可以了。思考模型就相當於一份份拼圖說明書,你要做的就是收集不同類型的「思考拼圖說明書」,並經常使用「說明書」去「拼圖」,用的次數越多就越熟練,這樣大腦在接收到複雜資訊時就不會陷入驚慌失措了。你可以根據資訊的特點快速找到恰當的「說明書」,將繁難複雜的資訊迅速整理成次序分明、條理清晰的圖案,以供大腦進行下一步處理。

沒思路,好混亂! 思路清晰,有條理!

比如SCQA模型、MECE分析法、SWOT分析法、5W1H分析法、SMART法則等,都可以作為我們的「思考拼圖說明書」。

以SCQA模型為例。SCQA模型是我在日常生活中使用最

多的思考模型，它不僅可以作為日常複習、寫作、口頭表達的提綱，還可用於解決某個具體問題或專案策劃。總之，SCQA模型用處多多，而且容易上手。如果只能推薦一個思考模型的話，我一定會選擇這個模型。

S指的是situation（背景），即描述一個具體的情景；C指的是complication（衝突），即在上述描寫的情境下要包含一個事與願違的衝突、矛盾；Q指的是question（問題），即直接點明造成該矛盾衝突的問題是什麼；A指的是answer（答案），即給出解決該問題的方法。

還記得那段經典的廣告詞嗎？「得了灰指甲，一個傳染倆，問我怎麼辦，馬上用……」這段廣告詞就是典型的SCQA結構。

「得了灰指甲」是在構建一個情景，「一個傳染倆」是在描述一個衝突，「問我怎麼辦」是根據衝突提出了一個問題，「馬上用……」則是給出了一個解決辦法。用情景來製造共鳴，用衝突來吸引人，用問題來引起好奇心，用答案來打消疑惑，製造收穫感，這樣環環相扣，從而成就了一段經典的廣告文案。

在我眼裡，SCQA模型是思路梳理的利器，平常我在閱讀、寫作和練習演講時經常會使用SCQA模型充當我的「思考拼圖說明書」，哪怕是面對再複雜的資訊，在它的幫助下，都

能整理得井井有條。

有一期TED演講的播放量超過了一千萬次，在美國的教育界引起了很大的轟動，這期節目的演講嘉賓是美國賓夕法尼亞大學心理學副教授安琪拉・達克沃斯，她演講的主題是：毅力是成功的鑰匙。

她是如何循序漸進地表達這個觀點的呢？首先構建情景：她在27歲時選擇去公立學校當老師，在統計學生的測試成績時有了新的發現。其次描述衝突：她發現在課堂和測試成績上有良好表現的孩子在智商上並沒有特別的優勢，而那些很聰明的孩子反而表現得不盡如人意。然後提出問題：她想知道，不同的人在面對挑戰時，讓他們收穫成功的關鍵因素是什麼？最後給出答案：透過她和團隊多年的研究發現，毅力是通往成功最關鍵的因素，其中樹立成長型思維是培養堅韌不拔的品質最有效的方法。

當然，在使用SCQA模型時不用刻板地按照S-C-Q-A這一種順序，CSQA（衝突——情景——問題——答案）、QSCA（問題——情景——衝突——答案）、SQCA（情景——問題——衝突——答案）等都是可以的，你完全可以根據需要自由發揮，靈活組合。

第六節

每天來場腦力激盪，
主動思考某個現象背後的原理和規律

　　工作和生活中我們會遇到形形色色的事情，如果是比較典型的，可以多思考其背後的原理與規律，即便無法將其全部透徹地總結出來也沒關係，哪怕只分析出了一點點，也是對自身思考能力的鍛鍊。

　　舉個例子，我生活在一個四線小城鎮，當地一直很流行老年養生講座。有段時間我爸媽對此特別癡迷，一有時間就去聽養生課，試用養生器械，甚至試吃保健品。雖然他們每次聽課之前都會向我保證肯定不會花錢買保健品，但每次都會食言，經常花好幾千塊錢買一盒保健品。我爸媽這代人平時節儉慣了，買菜買水果都怕花太多錢，但為何他們會願意花好幾千甚

至上萬元購買保健品呢？關鍵是他們並不覺得自己「上當受騙」了，每次去聽課都很積極，生怕遲到。

這個現象非常常見，我們可以試著分析一下其背後的原理。

營銷的第一個環節：先吸引目標用戶的注意力

我發現，這些賣保健品、養生器械的商家通常會先送一些小禮品作為見面禮，只要到場聽課，講座結束後就可以免費領取十顆雞蛋、一袋醋或是一把麵條等等。這些東西對年輕人來說可能並沒有誘惑力，但對節儉過日子的老人來說，那可是吸引力十足。既能免費聽養生保健課，免費試用保健器材，還能免費拿小禮品，多划算呀。

難道商家不怕老人只領禮品，不聽課嗎？當然怕，如果老人不聽課，就起不到行銷轉化的作用了。於是商家為了提高到場率，將領禮品的環節設定在講座結束之後。要想免費拿到十顆雞蛋，必須聽完整場講座才行。提高行銷轉化率最關鍵的就是建立老人對產品的信任感，而這是急不得的。聽一次不行，

那就聽兩次，兩次不行，那就聽十次。商家還會設定差異化的簽到獎品，第一天送雞蛋，第二天送麵條，第三天送陳醋，堅持到第十天，商家會送一個養生枕頭，第二十天時，商家會送一口養生鍋。

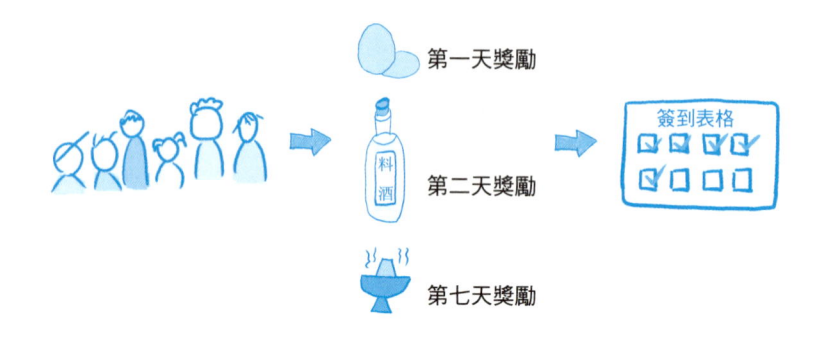

營銷的第二個環節：利用獎勵，將目標用戶留下來！

是不是有一種玩手機遊戲時簽到拿道具的感覺？人都是有惰性的，尤其是在沒有養成習慣讓自己每天刻意完成同一件事情時，此時設定回報和獎勵是誘導自己主動行動最直接有效的方法。玩新遊戲的你在剛開始的幾天裡熱情是最高漲的，時間一長，遊戲的吸引力就下降了，但如果放棄，當初心心念念的遊戲道具就拿不到了，只能繼續堅持下去。老人為了雞蛋和養生枕頭去聽講座也是同樣的道理。

利用簽到獎勵這招可以吸引更多的老人堅持天天到場聽

課。那麼接下來,商家是如何抓住老人的注意力,讓他們願意付費購買的呢?商家肯定不會一上來就大肆宣傳自己的高價保健品,那樣只會讓用戶反感。他們剛開始講解的都是一些養生保健的小知識,讓聽課的老人有一種收穫感,覺得老師講得很有道理,從而建立起信任。同時他們還會利用「恐嚇行銷」,老人最關心的就是健康問題,害怕生病,害怕自己因為病痛遭罪,拖累兒女。於是什麼病嚇人,專家就說什麼,老人害怕什麼,專家就講什麼。這樣一下子就抓住了老人的注意力,嚇退了他們的理智。然後再隆重介紹自己的產品,將其誇得天花亂墜,套用幾個八竿子打不著的最新科技,再包裝幾個成功案例,給老人信心和希望。一整套下來,聽完整場講座的老人多多少少都會被洗腦,總有一些人願意購買產品。

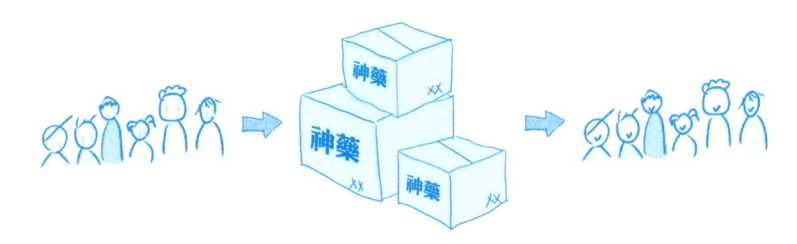

營銷的第三個環節:製造焦慮,誇大產品的效果來緩解用戶的焦慮

經過這樣的分析,我們就不會一味地埋怨不聽勸,總是一意孤行花大錢買高價保健品的父母了。反之,我們完全可以根

據前面總結的行銷環節見招拆招。

父母想組團去領免費的雞蛋和麵條？你可以跟父母講清楚這些套路，讓他們對這類小恩小惠提高警惕。父母想聽養生保健知識？你可以提前下載好正規的科普影片，給他們投屏到電視上觀看。父母執意要花錢買高價保健品？你可以跟父母講清楚，購買之前多個心眼，先打電話聯繫自己，待自己透過網路查詢等方式確保產品可靠再買不遲⋯⋯

那些不良保健品商家的行銷套路令人不齒，但我們可以取其精華，去其糟粕，為自己所用。比如，利用「簽到得獎勵」這招來訓練自己的意志力，用正規的行銷方法來吸引用戶，打造自己的私域流量等等。這就是分析和總結的妙用。

前段時間我很喜歡看李雪琴的脫口秀，她講的段子總能逗得大家哈哈大笑，還能讓人感到莫名的親切。為什麼李雪琴講的脫口秀能讓人產生共鳴呢？原因在於她講的段子中，很多素材都來源於生活，雖然都是一些雞毛蒜皮的小事，但這些事情離觀眾很近，觀眾自然會覺得真實、親切。

比如：小學時班級裡有男生追自己，想跟我交往；坐老闆的車，為了討好老闆，給老闆點菸，卻不小心把座椅後背燙了個窟窿；上學時學魯迅在桌子上刻「早」字；被媽媽催婚；工作太累，想要辭職卻發現沒有退路；畢業之後該留在北京還是回老家；打車被司機坑，近路繞成了遠路；姥姥說「吃耳屎會

變啞巴」……

這些接地氣的素材加上她一口東北味的普通話，特別像一個鄰家大姐坐在院門口和你閒聊。無獨有偶，很多引起熱議的脫口秀段子素材都是來源於普通人的日常生活場景，具有一定的普遍性。

周奇墨吐槽去藥店買感冒靈的搞笑經歷；House訴說自己在銀行當櫃員的枯燥工作日常；何廣智分享自己上下班在地鐵上搶座時的激烈場景……這些描繪普通生活的段子為什麼會讓大家感覺很有意思呢？因為段子中的素材並沒有脫離普通人的生活，當表演者將這些素材用脫口秀的形式表達出來時，觀眾會覺得這就是自己曾經經歷過的事情，一邊聽一邊在腦海中回憶、聯想，整個情緒就被調動了起來。

很多從事知識講解類創作的作者都會習慣於使用一些科學實驗方面的案例，這些案例比較嚴謹，但如果只有這方面的素材，則會讓讀者覺得是在看教材或是論文，容易有枯燥、乏味的感覺。這就要求創作者在平時多注意觀察生活，多收集和使用普通大眾的生活案例，這樣能拉近創作者和讀者之間的距離，讓讀者一邊感同身受，一邊有所收穫。

前兩天我無意中刷到了趙本山和宋丹丹的小品《昨天，今天，明天》，裡面有段很經典的台詞，趙說：「我覺得我們倆現在生活好了，越來越老了，餘下的時間也越來越少了，過去

論天兒過，現在就應該論秒了。下一步我準備領她出去旅旅遊，走一走比較大的城市⋯⋯去趟鐵嶺度度蜜月。」

這個段子的笑點就在於「預期違背」。創作者透過前面一系列鋪墊，將觀眾的預期引導到一個方向，最後在揭曉謎底時卻給出了一個和觀眾預期完全不同的答案，透過誤解、自嘲、諷刺、荒誕等因素產生喜劇效果。需要注意的是，這種笑料的產生並非僅僅是因為劇情的反轉，更是因為整個邏輯線路的合理性，只有透過合理的邏輯結構製造出來的意外，才能引人發笑。

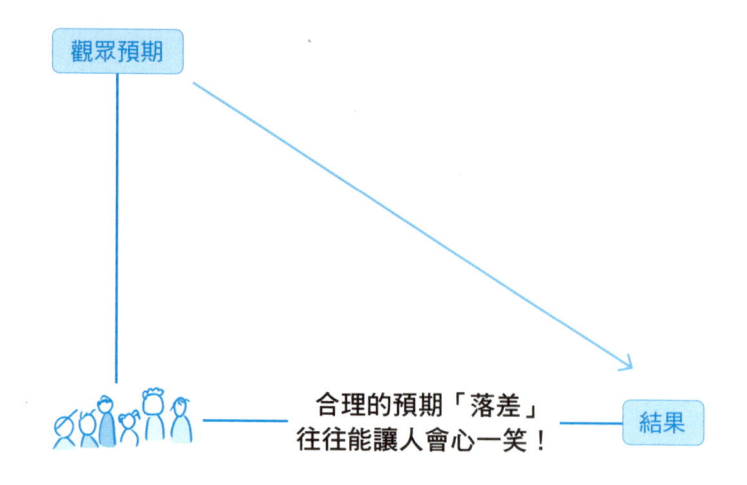

觀眾預期

合理的預期「落差」
往往能讓人會心一笑！　　結果

「我覺得我們倆現在生活好了，越來越老了，餘下的時間也越來越少了，過去論天兒過，現在就應該論秒了。」這幾句

話是在描述兩人的現狀，暗示觀眾他們歲數大了，需要好好珍惜當下的生活，農民的生活越來越富有，有能力享受更好的生活了，從而提高觀眾的期待。

「下一步我準備領她出去旅旅遊，走一走比較大的城市⋯⋯」順著前面的鋪墊，自然就有了想出去看世界的需求，進一步提高觀眾的期待。兩者結合，讓觀眾很好奇他們到底要去哪些大城市呢？北京、上海、廣州、三亞還是國外？最終揭曉答案──鐵嶺。

這和觀眾的預判完全是兩個方向，有一種大喘氣的感覺，惹得大家哈哈大笑。但仔細想想，這種預期違背的效果卻又很符合他們自身的人設和思考邏輯。黑土大叔和白雲大媽都是淳樸的農民，勤勞節儉了一輩子，雖然日子越來越好了，但在他們眼中，鐵嶺就是大城市。由此可以看出，雖然結果和觀眾的期待不相符，但劇情最終的走向卻是符合邏輯的，是合理的。

你瞧，只要帶著主動思考的小目標，即便是聽個段子、看個小品也都能學到有用的知識，並為自己所用。如果把這種方法用到文案創作中，可以讓你的文章更有讀者緣；用在日常溝通中，則可以讓你的交流更順暢、更幽默。

誰說玩的時候就沒有辦法學習呢？只要懂得引導自己，玩耍時一樣能學到東西！只需問幾個為什麼，然後順藤摸瓜，一步步引導自己找到有營養的資訊。這樣做的好處就是娛樂、

學習兩不誤。同樣是看一個搞笑的段子、玩一局遊戲，別人只是享受了一會兒精神上的愉悅和放鬆，而你卻還能有額外的收穫。

瑞・達利歐（全球最大避險基金橋水基金創辦人）說：「所有一切的運轉，都有賴於深藏其中的原則，也就是一串又一串的因果關係決定了這個世界的走向。如果你探索出了其中的因果關係──雖然不可能是全部，但最好是絕大部分──那麼你無疑就掌握了打開這個世界藏寶箱的鑰匙。」

每天你都會遇到各種事情，不要忽略它們，選擇其中一件分析其背後的原理、規律和底層邏輯。自己想不清楚的就在網路中尋找答案，網路是一個巨大的寶庫，有各種能人寫的優秀文章、製作的優秀視頻。自己獨立分析之後可以去看看別人是如何總結的，也能查漏補缺。久而久之你會發現，雖然很多事情從表面上看並不一樣，但背後的原理卻是一樣的。養成這個習慣，對提升自己的思考和探索能力很有好處。總之千萬要記住，腦子越用越靈活，不用就真的「生鏽」了！

第七節
課外書到底該怎麼讀

　　讀書是輸入，寫作是輸出。但並不是輸入量達到一定水準，輸出就一定會暢通且有品質，因為中間還有一個很關鍵的環節，那就是思考。閱讀、思考、寫作三者不分家，想要提高哪個，都要先「討好」其他兩個，缺了哪一個，效果都會大打折扣。

錯誤的閱讀方式
盲目地跟著作者的思路走
作者說什麼就是什麼

正確的閱讀方式
帶著問題分析作者的闡述
和作者「討論」

很多人平時讀了很多內容，但他們在讀的時候沒有動腦筋，因此知識是沒有被吸收的，在這種閱讀狀態下看再多的書也沒用。記住，有效閱讀絕不是單純地比拚閱讀量或閱讀速度。

如何讓自己看一本頂十本，寫作水準突飛猛進呢？我上學的時候也會買書來看，讀得很快，一邊讀一邊還煞有介事地勾勾劃劃，有時還會將自認為重要的內容摘抄到本子上。因為從小我媽就告訴我：「好記性不如爛筆頭。」我以為在閱讀時勾了重點，寫了筆記，就代表自己已經掌握了。可實際上，讀完之後知識還是原作者的，我甚至回憶不起這本書到底講了什麼，某個概念到底是什麼意思，更別說應用和寫作了。當時我只能用「讀了至少比不讀強」來安慰自己，但說實話，我本人是一點也看不出自己在讀了那麼多書後比別人強在哪裡，除了落了個「××挺愛看書」的名聲。可越是給別人留下這樣的印象，自己越心虛。

開始工作之後，有次我在辦公室上網偷懶，無意間翻到一個關於「閱讀」的詞條，它是這樣解釋閱讀的：「閱讀是從視覺材料中獲取資訊的過程。它是一種主動的過程，是理解、領悟、吸收、鑑賞、評價和探究文章的思維過程。」當時我反覆讀了好幾遍，一下子就明白了為什麼自己看了這麼多年書卻沒多少收穫。因為我的閱讀方式永遠是被動接收，跟著作者的思

路從頭到尾讀完。看到有道理的句子就劃下來，重複唸幾遍，或是抄寫到本子上，這樣的讀書充其量就是將書本過了一遍，只是知道作者每句話表達的是什麼意思，僅此而已。

至於由這一句句話組成的文章，由這一篇篇文章組成的整個章節，由這一個個章節組成的整本書呢？我完全是被動接收，從來沒有主動思考過：作者在這本書中講解的核心主題是什麼？分成了多少個章節來講解？每個章節講解的要點之間又有什麼聯繫？每篇文章的論點是什麼，論據是什麼？作者又是如何論證的？我讀的這些對我有什麼用？我能將其運用在什麼地方，解決什麼問題？

正確的閱讀不僅僅是讀懂每句話的意思，更要把「讀」作為引子，帶動自己主動思考、理解、探究、聯繫和應用，而我只做到了最淺顯的那一層。甚至有時我對閱讀的每個字都認識，但組合在一起我的大腦就花了。過去的我只是寄希望於抄筆記、多讀幾遍等方式強迫自己死記硬背。但當知識脫離了思考和實踐，只是單純地記憶，又有多少意義呢？更何況我也沒記住什麼呀！當時，我的心裡既難過又開心，難過是突然發現自己習慣多年的閱讀方式竟然是錯的；開心是為隱隱約約發現有效閱讀的技巧而慶幸，那種感覺真是複雜極了。

衡量你閱讀收穫感的方式絕不是書架上擺了多少本書，平時出行帶不帶Kindle，或是筆記本上抄了多少筆記。要想保證

你的閱讀效果,讓自己的深度思考、寫作能力得到提升,你就必須「揭竿起義」,從原來被動、迷茫的跟隨式閱讀,轉變為和作者平起平坐的討論式閱讀。

具體怎麼做呢?經過多年的「屢戰屢敗,屢敗屢戰」,現在,我終於將有效閱讀的技巧總結出來了!

一、閱讀前的準備工作一定要做到位

確定問題　　尋找方向　　獲得靈感　　深入思考

讀書是讀者和作者間的無聲探討,但在討論之前你最起碼要知道本次討論的主題是什麼,對方闡述的論點、分論點是什麼。讀書時從沒認真看過介紹、序言和目錄的小夥伴請舉起手來,讓我看看都有誰!

舉個例子。我在前面提到的《先別急著吃棉花糖》這本書,單從封面文案基本就能判斷出這本書要講什麼。大致就是透過「棉花糖實驗」引出關於自控力的相關研究,然後講解人在提升自控力方面的方法與技巧。再看看這本書的介紹、目錄

和序言。千萬記住，目錄和序言一定要結合起來看。單看目錄你很可能會一頭霧水，但作者寫的序言一般都會詳細概括每個部分要講解的主要內容，這樣你就能快速瞭解這本書的主題，以及作者分成哪幾個部分來講解，每個章節下的要點是什麼，各個章節之間的關係是什麼。

看完之後我得到了以下資訊：

(1)什麼是棉花糖實驗，它揭示了延遲即刻滿足能力的重要性。

(2)人腦有兩個系統，一冷一熱，兩者相互作用，正是它們在影響著人在誘惑面前的自控力表現。

(3)作者從三個部分來論述延遲滿足這個主題，分別為：①講解了棉花糖實驗，還講解了由實驗得出的一些策略，能起到抵制誘惑、延遲滿足、提升自控力的效果；②自控力是如何影響一個人的；③學校、父母應該如何培養孩子延遲滿足的能力。

簡單地說，就是由棉花糖實驗引出了對「自控力是什麼」「自控力是如何發揮作用的」「如何培養自控力」的分析和講解。

對所看的書有大致的瞭解後，你可以在紙上寫下你的問題，然後帶著問題去閱讀。比如，對於這本書講解的主題，你有什麼疑問嗎？有哪些需要解決的問題？有什麼期待？

我在讀這本書之前就寫下了下面這些問題：延遲滿足是一直不讓自己滿足嗎？讓自己一直處於「欲求不滿」的狀態中促使自己努力，可這樣做會大大降低自己的幸福感，這個尺度又該如何把控呢？當我面對誘惑時，滿腦子想的都是如何得到它，以及得到它之後的美妙感受，即便我知道忍一忍可以得到更多，但我就是做不到，在這個過程中，我可以透過做什麼來讓自己不對誘惑「舉手投降」呢？

帶著問題閱讀，讀完之後回顧一下自己的問題是否得到了解答。把這一步做完之後才能正式開始閱讀。

二、每讀完一節，就要當「老師」給「空氣學生」上課

高效閱讀的關鍵在於要想方設法調動起自己思考的積極性，讓大腦一直處於思考狀態中。要想做到這點其實非常簡單，依舊是我在前面反覆提及的以教為學的方法。把自己想像成老師，每讀完一節就「現學現賣」，合上書，強迫自己對著空氣講解一遍。講解時不要依靠自己的記憶力，而是全憑理解，用自己的話把剛才讀到的要點口頭重新講解一遍。其間還可以不斷問自己「為什麼」，強迫自己去解釋。這個過程不僅是在檢驗你剛才的閱讀效果，也是在強迫你思考、解釋與表達。

比如我在看完《先別急著吃棉花糖》的第一節後就合上

書，閉上眼，開始當老師了，給面前的空氣上了一課，告訴它們什麼是棉花糖實驗：

「棉花糖實驗就是實驗人員去了某個幼稚園，設計了一個遊戲，來觀察小朋友們在面對誘惑時，是選擇服從誘惑，去拿較小的獎勵，還是甘願等待，拿到更多的獎勵。

「大致的規則是：實驗人員先準備一些小朋友很喜歡的零食，作為誘惑擺在桌子上。然後讓小朋友依次單獨進入房間。實驗人員告訴小朋友，自己有事要先出去一下，如果他能一直等待自己回來，並且不碰零食，那麼他就可以獲得雙倍的零食獎勵，但如果他不想等待，則可以按下桌子上的按鈴，這樣就只能獲得一份零食。在這期間，離開椅子，觸碰或是吃掉零食，都無法獲得雙倍獎勵。」

大致講完了，但這還不夠，因為「空氣學生」還會向我們提問：「老師，讓孩子單獨待在房間裡，萬一有膽子小的怎麼辦？他們會害怕，所以想要按鈴讓實驗人員快回來，這樣他們並不是因為自控力的原因按鈴，而是因為膽小或缺乏信任感。」

這個問題提得很好。作者在書中也講到了，他們設計該實驗時會讓實驗人員先陪小朋友玩耍一段時間，讓小朋友對他們熟悉起來。並且在進入房間之後，實驗人員會先告訴小朋友，

想讓他們回來就按鈴,然後故意離開,聽到小朋友按鈴就馬上回來,重複幾次之後,小朋友就對他們建立起了信任感。

就像我演示的這樣,講解之後可以多提幾個問題,如:××是什麼意思?為什麼會出現這個結果?為了達到某個目的,應該怎麼做呢?

發現問題　→　搜索、思考　→　解決問題

**在「以教為學」的過程中
每個問題都是引導自己積極思考的好幫手!**

學會在閱讀中提問是一個非常重要的環節,勇敢地把內心不懂或質疑的問題通通說出來,自己考自己,回答不上來就打開書,看看書中講了沒有,書中沒有講就從網路中尋找答案。當你能做到這一點時,你就不再是作者的「小跟班」,也不再是坐在那裡被動地聽作者的填鴨式講解了,而是在主動思考、主動討論。

三、閱讀之後要使用你學到的知識，不用肯定會忘

唯有輸出才能讓你的閱讀轉換成深度思考，真正從中汲取到營養。最好是文字、行動雙輸出。

有些人會在閱讀時寫讀書筆記，但我並不推薦這種做法。我更推薦以問題為導向來確定該篇文章的主題，最後成文，這樣，利用一本書可以寫成多篇「乾貨」文章。這樣做可以強迫自己從生活中找痛點、找案例，將理論與實踐聯繫起來，成長會非常快。除了之前分享的六環法，還可以使用前面提到的SCQA模型，這些都很好用。

舉個例子。讀完《先別急著吃棉花糖》後我們可以想一想，生活中有哪些類似的情況在困擾著人們呢？比如你家孩子每天放學回家總是第一時間打開電視看動畫片，任憑你在身後喊叫，直到你把雞毛撢子拿出來，他才戀戀不捨地關了電視去寫作業。

能否用《先別急著吃棉花糖》中所講解的理論和方法來分析並解決上述問題呢？

孩子每天回到家都面臨兩個選擇。一個是先看電視，另一個是先寫作業。先看電視是即刻滿足，就好比棉花糖實驗中擺在桌子上的那堆零食，伸手就能拿到且吃到。先認真寫作業則需要延遲滿足，忍受著動畫片的誘惑。先把作業完成後再去看

電視,這樣看得更開心、更踏實、更理直氣壯,還可以短暫呈現出一段母慈子孝的場面。而且把學習放到第一位,日後考好了還會有更多的獎勵,這就好比棉花糖實驗中,小朋友能夠強迫自己不看眼前的零食,一直等待實驗人員歸來,得到雙倍獎勵的行為。

那麼,作為家長該如何引導孩子,幫助孩子在面對誘惑時學會延遲滿足呢?書中講解了很多方法,你都可以套用到這個案例當中。這樣一分析,是不是就能利用SCQA模型構思出一篇文章了?

情景(Situation):孩子放學就看電視,從不主動學習的場景描述。

衝突(Complication):大道理講了個遍,軟硬兼施,孩子就是做不到先寫作業。

問題(Question):家長應該如何透過正確引導培養孩子的自控力呢?

答案(Answer):先分析孩子的這種行為,找出癥結,然後再給出原理和方法。

提綱都有了,寫成一篇文章還會難嗎?

口頭複述　　文字表達　　應用實踐　　總結複盤

內容輸出「四部曲」：口頭、文字、行動和複盤

行動上的輸出也很重要，將冰冷的知識代入到具體的生活中，才能有更深的感觸，才能根據自己的經驗對原有的知識進行優化和調整，關於這部分的心得體會也都可以補充到文章當中。

也許會有人說：「我本來就不怎麼愛看書，看完你的方法，我更不想看了！」但我想說的是：「別貪心！讀書的收穫感和娛樂性永遠不可能兼得。」我承認，這樣的閱讀方法確實不算有趣，甚至很枯燥。可是，在你眼中讀書到底是什麼呢？是將它當成娛樂嗎？如果純粹是為了娛樂，打發時間，那就不要管什麼方法，怎麼開心怎麼來，也不用管自己能收穫多少。但如果你對閱讀的收穫有要求，就必須放棄娛樂性。有效的閱讀必須強迫自己主動思考，在文字和行動上做到雙輸出。這個過程是比較乏味的，甚至你會遇到一個個問題。但當你寫成一篇篇文章，用學到的知識解決了自己生活中的問題，甚至獲得

經濟回報時，你一定會感受到那份遲來的卻更有意義的愉悅和滿足。

這樣看來，閱讀也是一場人性的考驗。你是選擇走馬觀花式的閱讀，純粹打發時間，靠數量來取悅自己？還是選擇耐著性子去「苦讀」和輸出，將一本書從厚讀到薄，再從薄讀到厚？

想想小朋友面前的棉花糖與按鈴，你的心中是否已經有了答案？